Inhaltsverzeichnis

Einleitung

Willkommen zu "Unglaubliche Geschichten für kluge Köpfe", einem Buch voller erstaunlicher und spannender Geschichten, die zwar verrückt klingen, aber allesamt wirklich passiert sind. Dieses Buch ist perfekt für alle, die gerne Neues lernen und interessante Fakten über die Welt entdecken. Es ist ein toller Weg, um spannende Themen zu erkunden und dabei auch noch Spaß zu haben. Es ist so gestaltet, dass es dich zum Nachdenken bringt, dich zum Lachen bringt und dich über all die coolen und seltsamen Dinge staunen lässt, die unsere Welt so faszinierend machen. Also schnapp dir dieses Buch und lass uns gemeinsam auf Entdeckungsreise gehen!

Mike das kopflose Huhn

Mike das kopflose Huhn, auch bekannt als "Wunder-Mike", ist eine der bizarrsten und faszinierendsten Überlebensgeschichten in der Tierwelt. Seine Geschichte begann am 10. September 1945 in Fruita, Colorado, als ein Farmer namens Lloyd Olsen sich daran machte, ein Huhn fürs Abendessen vorzubereiten. Das Huhn, um das es ging, war ein fünf ein halb Monate alter Hahn namens Mike. Lloyd Olsens Ziel war es, für seine Schwiegermutter, die diesen speziellen Schnitt besonders schätzte, einen großzügigen Halsknochen übrig zu lassen, aber sein Versuch, Mike zu köpfen, verlief nicht wie geplant. Als Olsen Mike mit der Axt traf, verfehlte er die Halsschlagader und ließ ein Ohr sowie den größten Teil des Hirnstamms intakt.

Zu aller Überraschung überlebte Mike die Enthauptung. Nicht nur das, er schien auch relativ unbeeindruckt von dem Vorfall. Nach dem ersten Schock begann Mike, nach Futter zu picken und seine Federn zu pflegen, als wäre nichts geschehen. Olsen erkannte die Kuriosität und das potenzielle Geschäft, das sich daraus ergeben könnte, und entschied sich, sich um Mike zu kümmern. Er fütterte ihn mit einer Mischung aus Milch und Wasser mittels einer Pipette und gab ihm kleine Körner Mais zu fressen. Mikes Geschichte verbreitete sich schnell, und er wurde zu einer nationalen Berühmtheit. Unter dem Namen "Wunder-Mike" wurde er auf Tourneen durch die USA gezeigt, in Shows präsentiert, in Magazinen und Zeitungen vorgestellt und sogar in den Magazinen Life und Time erwähnt.

Die Menschen waren fasziniert von dem Huhn, das ohne Kopf weiterlebte. Mikes Ruhm brachte ihm und der Familie Olsen eine beträchtliche Summe Geld ein – Berichten zufolge etwa 4.500 Dollar im Monat, was heute eine erhebliche Summe wäre. Mikes physiologisches Überleben ist für die Wissenschaft ein Rätsel. Hühner können oft eine Enthauptung überleben, da sich ein erheblicher Teil ihres Gehirns am unteren Ende des Schädels befindet und die meisten Reflexaktionen steuert.

In Mikes Fall war der Hirnstamm weitgehend intakt, sodass er viele seiner normalen Funktionen fortsetzen konnte. Sein offener Speiseröhreneingang war anfällig für Infektionen, aber die Olsens benutzten Pipetten, um ihn zu füttern und Schleim sowie Nahrungsreste zu entfernen, um Ersticken oder Krankheiten zu verhindern. Mike das kopflose Huhn lebte 18 Monate nach seiner Enthauptung, eine unglaubliche Leistung angesichts seines Zustands.

Sein Leben endete nicht aufgrund von Komplikationen in Zusammenhang mit seiner kopflosen Existenz, sondern durch Ersticken mitten in der Nacht. Berichten zufolge konnten die Olsens ihn nicht rechtzeitig retten, da sie die Reinigungs- und Fütterungsspritzen am Vortag bei einer Show vergessen hatten. Heute lebt Mikes Vermächtnis in Fruita, Colorado, weiter, wo jedes Jahr im Mai der "Mike the Headless Chicken Day" gefeiert wird. Das Festival umfasst Veranstaltungen wie ein "5K Rennen wie ein kopfloses Huhn", Hühnerrezepte und Spiele mit Geflügel-Motto, die an das Huhn erinnern, das allen Erwartungen trotzte. Mikes Geschichte handelt nicht nur von der Seltsamkeit seines Überlebens, sondern auch von der menschlichen Faszination für das Ungewöhnliche und die außergewöhnliche Widerstandskraft in der Natur.

Wojtek der Soldatenbär

Wojtek, oft liebevoll als "Wojtek der Soldatenbär" bezeichnet, nimmt einen einzigartigen Platz in der Militärgeschichte ein und wird als Symbol für Tapferkeit und Kameradschaft während des Zweiten Weltkriegs gefeiert. Seine außergewöhnliche Geschichte begann 1942, als ein iranischer Junge ihn als kleines, verwaistes Jungtier fand und ihn anschließend an polnische Soldaten verkaufte, die im Iran stationiert waren. Diese Soldaten, Teil des polnischen II. Korps, wurden durch den Nahen Osten verlegt, um an der Seite der Alliierten zu kämpfen, nachdem sie aus sowjetischen Gulags entlassen worden waren. Die Soldaten fühlten eine tiefe Verbindung zu dem verletzlichen Bärenjungen und adoptierten ihn als eine Art Maskottchen und nannten ihn Wojtek, eine Koseform von "Wojciech", einem alten slawischen Namen, der "freudiger Krieger" bedeutet.

Während Wojtek wuchs, wuchs auch sein Einfluss und seine Bedeutung innerhalb der Einheit. Der Bär passte sich schnell dem Leben unter den Soldaten an, aß, schlief und trank sogar Bier und Wein mit ihnen. Besonders gerne rauchte (oder aß) er Zigaretten, eine Angewohnheit, die ihm von den Truppen, die sich um ihn kümmerten, beigebracht wurde. Wojteks Einbindung in das Militär verstärkte sich, als er mit seiner Einheit durch den Nahen Osten nach Europa reiste. Er wurde offiziell als Soldat mit dem Rang eines Gefreiten eingetragen, um sicherzustellen, dass er Rationen erhielt und mit dem Rest der Armee reisen konnte.

Sein Militärsoldbuch wurde wie das jedes anderen Soldaten geführt. Seine einzigartige Rolle als Maskottchen und Kamerad half, die Moral der Truppen zu stärken, die weit von ihrer Heimat entfernt waren und sich von den schweren Kriegs- und Gefangenschaftserlebnissen erholten. Eine der bekanntesten Anekdoten über Wojtek ereignete sich während der Schlacht um Monte Cassino 1944, eine der blutigsten Schlachten des Krieges, in der er nicht nur bemerkenswerte Intelligenz, sondern auch Tapferkeit bewies. Wojtek half dabei, Munition zu transportieren – ohne eine einzige Kiste fallen zu lassen. Berichten zufolge trug er 100-Pfund-Kisten mit Artilleriegranaten, alles ohne jegliche Ausbildung, indem er die Handlungen der Soldaten um ihn herum nachahmte. Dies half nicht nur praktisch, sondern diente auch als erheblicher Moralverstärker für seine Einheit. Nach dem Ende des Krieges wurde Wojtek zusammen mit dem Rest des II. Korps nach Berwickshire in Schottland transportiert.

Hier verbrachte er den Rest seines Lebens im Edinburgh Zoo. Wojtek wurde zu einer beliebten Attraktion, und seine Geschichte verbreitete sich weiter, was zahlreiche Besucher, darunter seine ehemaligen Kameraden, anzog, die oft den Zaun übersprangen, um ihn nach Feierabend zu besuchen. Der Bär erkannte seine Freunde und reagierte freudig, wenn er sie sah. Wojtek starb im Dezember 1963 im Alter von 21 Jahren, aber sein Vermächtnis lebt weiter. Er wird durch Statuen in Krakau und Edinburgh geehrt und ist das Thema zahlreicher Dokumentationen, Bücher und Interviews mit denen, die ihn kannten.

Der Plan der USA, eine Atombombe auf den Mond zu werfen

Auf dem Höhepunkt des Kalten Krieges, als die Vereinigten Staaten und die Sowjetunion um technologische und militärische Vorherrschaft wetteiferten, entstand ein streng geheimes Projekt der USA, das eher nach Science-Fiction klingt als nach einem strategischen Militärvorschlag: Amerika erwog, eine Atombombe auf dem Mond zu zünden. Das Projekt, unter dem Codenamen "Projekt A119", wurde Ende der 1950er Jahre entwickelt, um die Stärke und das wachsende Raumfahrt-Know-how der USA zu demonstrieren. Zu dieser Zeit hatte die Sowjetunion bedeutende Fortschritte vor den USA gemacht, insbesondere durch den Start des ersten künstlichen Satelliten Sputnik im Jahr 1957 und das Senden des ersten Menschen, Juri Gagarin, ins All im Jahr 1961.

Diese Errungenschaften hatten tiefgreifende psychologische Auswirkungen auf die Weltgemeinschaft und zeigten die Fähigkeit der Sowjetunion in der Weltraumforschung. Unter dem Druck der sowjetischen Fortschritte sponserte die US-Luftwaffe eine Studie an der Armour Research Foundation, heute Teil des Illinois Institute of Technology, mit einer Gruppe von Wissenschaftlern, darunter der junge Carl Sagan, der für die Vorhersage des Verhaltens von Staub und Gas durch die Explosion verantwortlich war. Das Ziel von Projekt A119 war es nicht nur, eine Atombombe zur Schau zu stellen, sondern es sollte auch die öffentliche Moral in den USA stärken und der Welt die Fähigkeiten des amerikanischen Militärs und der Technologie demonstrieren.

Der Plan sah vor, eine Atomrakete zu starten, die auf oder in der Nähe der Mondoberfläche detonieren sollte. Die Explosion wäre von der Erde aus sichtbar gewesen und hätte idealerweise die internationalen Wahrnehmungen über die Fähigkeiten der USA beeinflusst. Forscher glaubten auch, dass der nukleare Blitz das Studium der Geologie des Mondes erleichtern würde, basierend auf den Materialien, die durch die Explosion aufgewirbelt würden. Das Projekt war jedoch mit Risiken und Unbekannten behaftet.

Es bestand das potenzielle Problem des radioaktiven Niederschlags, und die Auswirkungen auf die Mondumgebung waren unvorhersehbar. Die moralischen Implikationen der Zündung einer Atomwaffe auf dem Mond warfen ebenfalls erhebliche ethische Fragen auf. Die Planer waren auch besorgt über die öffentliche Reaktion und das Image der USA, falls das Projekt öffentlich bekannt würde. Während die Diskussionen und Planungen fortschritten, wurden sie schließlich von den Fortschritten in bemannten Raumflügen und dem öffentlichen Desinteresse an aggressiven Machtdemonstrationen im Weltraum überschattet. Das Projekt wurde 1959 eingestellt, und Details darüber wurden erst in den späten 1990er Jahren bekannt, als die Existenz von Projekt A119 durch das Freedom of Information Act enthüllt wurde. Statt weitere militärische Ziele im Weltraum zu verfolgen, wurde die NASA beauftragt, friedliche wissenschaftliche Erforschung zu betreiben, was schließlich in den Apollo-Missionen gipfelte, die schließlich Menschen auf den Mond brachten.

Die erste erfolgreiche bemannte Mondlandung 1969 mit Apollo 11 erreichte den nationalen Moralaufschwung und das internationale Prestige, das Projekt A119 durch militärische Mittel anstreben wollte. Projekt A119 bleibt eine kuriose Fußnote in der Geschichte des Wettlaufs ins All – eine Erinnerung an eine Zeit, als der Mond nicht nur ein Ziel für wissenschaftliche Erkundungen war, sondern auch eine Bühne für die Spannungen des Kalten Krieges und die Extreme, die Länder in Betracht zogen, um ihre Dominanz zu behaupten.

Das Projekt verdeutlicht die manchmal verschwommene Grenze zwischen wissenschaftlichem Ehrgeiz und militärischer Strategie während einer der angespanntesten Perioden der internationalen Beziehungen.

Wie das iPhone den Verkauf von Kaugummi zum Sinken brachte

Die Einführung des iPhones und sein anschließender Einfluss auf das Verbraucherverhalten stellt einen der interessantesten wirtschaftlichen Welleneffekte der letzten Zeit dar. Zu den vielfältigen Auswirkungen gehört eine der kuriosesten: der Rückgang der Kaugummiverkäufe. Diese Korrelation mag zunächst rätselhaft erscheinen, doch ein genauerer Blick auf das Verhalten der Konsumenten und die Entwicklung der Mobiltechnologie enthüllt eine faszinierende Geschichte darüber, wie technologische Fortschritte scheinbar unzusammenhängende Branchen neu gestalten können. Bevor Smartphones allgegenwärtig wurden, war es üblich, dass Menschen in der Warteschlange an der Kasse im Supermarkt, an Tankstellen oder in kleinen Geschäften die nahegelegenen Artikel durchstöberten. Diese Artikel waren in der Regel Impulskäufe, darunter Zeitschriften, Süßigkeiten und besonders Kaugummi.

Es war ein Moment der letzten Versuchung, in dem die geringe Kosten und die sofortige Befriedigung eines Kaugummis zu einem leichten Kauf verführten. Mit der Einführung des iPhones im Jahr 2007 und dem rasanten Aufstieg der Smartphone-Technologie änderte sich jedoch das Verhalten der Konsumenten. Smartphones boten eine unmittelbare und fesselnde Ablenkung, die Zeitschriften und kleine Einkäufe früher boten. Anstatt sich umzusehen und einen Impulskauf zu tätigen, begannen die Menschen, ihre Aufmerksamkeit auf ihre Telefone zu richten, um E-Mails zu checken, in sozialen Medien zu surfen, Spiele zu spielen oder Nachrichten zu lesen.

Je fesselnder der Telefonbildschirm wurde, desto weniger Aufmerksamkeit wurde den Impulsartikeln wie Kaugummi geschenkt. Forschungs- und Verkaufsdaten stützten diesen Wandel. Berichte aus den frühen 2010er Jahren zeigten einen spürbaren Rückgang der Kaugummiverkäufe, der mit dem Anstieg der Smartphone-Nutzung korrelierte. Branchenanalysten wiesen darauf hin, dass der Rückgang nicht auf eine Änderung des Geschmacks der Verbraucher oder auf gesundheitliche Bedenken hinsichtlich des Kaugummis zurückzuführen sei, sondern auf eine Verschiebung der Aufmerksamkeit. Die Kassenzone, einst ein zentraler Ort für verlockende Impulskäufe, hatte ihre Anziehungskraft verloren. Der Einfluss von Smartphones auf den Kaugummiverkauf ist ein klassisches Beispiel dafür, wie technologische Innovation Markttrends und das Verbraucherverhalten auf unerwartete Weise stören kann.

Es zeigt auch die Herausforderung für Marken, die traditionell auf Impulskaufmuster angewiesen waren. Unternehmen wie Wrigley und Mondelez mussten ihre Marketingstrategien und Platzierungen überdenken, um die Aufmerksamkeit der Kunden wieder zu erlangen. Dies führte zu neuen Verpackungsdesigns, Geschmacksrichtungen und Marketingkampagnen, die darauf abzielten, das Interesse an Kaugummi nicht nur an der Kasse, sondern im gesamten Geschäft neu zu entfachen. Darüber hinaus inspirierte dieses Phänomen Innovationen im Einzelhandels- und Marketingsektor. Einzelhändler und Marken begannen, neue Wege zu erkunden, um mobile Technologie in das Einkaufserlebnis im Laden zu integrieren. Dazu gehörten Apps, die spezielle In-Store-Promotions und digitale Gutscheine anboten, um die Aufmerksamkeit von Smartphone-Nutzern zu gewinnen, sowie Augmented-Reality-Erlebnisse, die die Kundenbindung im Geschäft steigern sollten.

Zusammenfassend lässt sich sagen, dass der Einfluss des iPhones auf den Kaugummiverkauf ein Beweis für die weitreichenden wirtschaftlichen und sozialen Auswirkungen der Mobiltechnologie ist. Da Smartphones weiterhin unsere Aufmerksamkeit dominieren und unsere Gewohnheiten prägen, besteht die Herausforderung für Vermarkter und Einzelhändler darin, neue und innovative Wege zu finden, das Interesse der Verbraucher zu wecken, und zeigt, dass selbst kleinste technologische Veränderungen weitreichende Auswirkungen auf die Wirtschaft haben können.

Die nachträgliche Hinrichtung von Oliver Cromwell

Die nachträgliche Hinrichtung von Oliver Cromwell, ein seltenes historisches Ereignis, ist ein eindrucksvolles Beispiel für die dramatischen Veränderungen in der politischen Macht und die Stimmung in der Öffentlichkeit, die nach dem Tod eines Anführers auftreten können. Cromwell, der am 3. September 1658 eines natürlichen Todes starb, war eine dominierende Figur in der britischen Geschichte, nachdem er die parlamentarischen Truppen im englischen Bürgerkrieg zum Sieg gegen die Royalisten geführt und später als Lordprotektor des Commonwealth von England, Schottland und Irland regiert hatte. Cromwells Aufstieg zur Macht markierte eine bedeutende Veränderung in der englischen Regierungsführung. Unter seiner Herrschaft wurde die Monarchie abgeschafft, und König Karl I. wurde 1649 hingerichtet.

Cromwell errichtete daraufhin eine republikanische Regierungsform, ein mutiger und beispielloser Schritt zu dieser Zeit. Sein Führungsstil und die Entscheidungen, die während seiner Herrschaft getroffen wurden, waren jedoch äußerst umstritten. Während einige seine Bemühungen schätzten, die Regierung zu reformieren und puritanische Moralvorstellungen zu fördern, empfanden andere seine autoritäre Herrschaft und die harten militärischen Maßnahmen, die er zur Aufrechterhaltung der Kontrolle einsetzte, als bedrohlich. Nach seinem Tod wurde Cromwell von seinem Sohn Richard Cromwell abgelöst.

Doch Richard fehlte die Führungsqualität und das politische Geschick seines Vaters, was zu wachsender Instabilität und Unzufriedenheit unter den verschiedenen politischen Fraktionen in England führte. Diese Unruhen kulminierten in der Restauration der Monarchie im Jahr 1660, als Karl II. den Thron bestieg, ein Ereignis, das als „Restauration" bekannt ist. Die Restauration markierte nicht nur die Rückkehr der Monarchie, sondern auch eine Zeit der Vergeltung gegen diejenigen, die maßgeblich an der Gründung des Commonwealth und der Hinrichtung von Karl I. beteiligt gewesen waren. In einem dramatischen Akt symbolischer Rache und einer klaren Warnung vor Verrat erließ das neu dominierte royalistische Parlament Ende 1660 einen Erlass zur Exhumierung der Leichen der Regizide, darunter Oliver Cromwell, um sie vor Gericht zu stellen. Im Januar 1661 wurde Cromwells Leichnam aus der Westminster Abbey exhumiert, wo er ein Begräbnis erhalten hatte, das seinem Status als Lordprotektor würdig war.

Seine Leiche, zusammen mit denen von John Bradshaw, dem Präsidenten des Gerichts, das Karl I. verurteilt hatte, und Henry Ireton, einem General in der parlamentarischen Armee und Cromwells Schwiegersohn, wurde posthum vor Gericht gestellt und des Königsmordes für schuldig befunden. Das Urteil war grausam: Die typische Strafe für Verräter zu dieser Zeit, nämlich Hängen, Ausweiden und Vierteilen. Da sie jedoch bereits tot waren, wurden die Leichen in ihren Leichentüchern in Tyburn aufgehängt, dann heruntergenommen, enthauptet und in eine Grube geworfen. Die Köpfe wurden auf Pfählen über der Westminster Hall aufgestellt, wo sie jahrzehntelang als düstere Erinnerung an das Schicksal von Verrätern blieben.

Warum das Jahr 536 das schlimmste Jahr war

Das Jahr 536 wird von Historikern oft als eines der schlimmsten Jahre angesehen, in denen man leben konnte. Diese düstere Bezeichnung basiert auf einer Kombination außergewöhnlicher Naturphänomene und gesellschaftlicher Auswirkungen, die weltweit weitverbreitetes Elend verursachten. Der Hauptgrund für den Ruf des Jahres 536 war ein mysteriöser, dichter Nebel, der Europa, den Nahen Osten und Teile Asiens für 18 Monate in Dunkelheit tauchte. Historische Berichte aus dieser Zeit beschreiben einen „trockenen Nebel", der die Sonne verdunkelte und die Temperaturen dramatisch sinken ließ. Diese plötzliche Klimaveränderung führte zur kältesten Dekade der letzten 2300 Jahre, wie Eisbohrkernproben aus Grönland und der Antarktis zeigen, die einen dramatischen Anstieg des atmosphärischen Staubs nachweisen, der in Tausenden von Jahren nicht beobachtet wurde.

Der byzantinische Historiker Prokopios schrieb über das Jahr 536: „Denn die Sonne gab ihr Licht ohne Helligkeit, wie der Mond, während des gesamten Jahres, und sie schien äußerst wie die Sonne bei einer Finsternis zu sein, denn die Strahlen, die sie aussandte, waren nicht klar, noch wie gewohnt." Dieser Mangel an Sonnenlicht führte zu stark reduzierten Ernten, was Nahrungsmittelknappheit und weit verbreitete Hungersnöte zur Folge hatte. Die Unterernährung schwächte die Bevölkerung erheblich, was sie anfälliger für Krankheiten machte. Zusätzlich zu dieser Klimakatastrophe begann im Jahr 536 eine der ersten dokumentierten Pandemien, die Justinianische Pest.

Benannt nach dem byzantinischen Kaiser Justinian I., fiel die Pest mit dem Zeitraum reduzierten Sonnenlichts und kühlerer Temperaturen zusammen und belastete die bereits geschwächte Weltbevölkerung weiter. Die Pandemie, die durch das Bakterium Yersinia pestis verursacht wurde – das gleiche Bakterium, das Jahrhunderte später den Schwarzen Tod auslöste –, führte zum Tod von schätzungsweise 25 bis 50 Millionen Menschen, etwa 25 bis 50 % der Bevölkerung des Oströmischen Reiches.

Neuere wissenschaftliche Studien deuten darauf hin, dass die Ursache für den katastrophalen Klimawandel im Jahr 536 wahrscheinlich ein massiver Vulkanausbruch war. Es gibt Hinweise auf eine Reihe von Eruptionen, die 536 begannen und von weiteren 540 und 547 gefolgt wurden. Diese Eruptionen setzten riesige Mengen an Asche und Schwefel in die Stratosphäre frei, was die Menge des Sonnenlichts verringerte, das die Erdoberfläche erreichte. Über die genauen Vulkane, die dafür verantwortlich waren, wird noch debattiert, aber Kandidaten sind Ilopango in El Salvador, Krakatau in Indonesien oder ein unbekannter Vulkan in Nordamerika. Die Nachwirkungen des Jahres 536 hatten langfristige Auswirkungen auf den Lauf der Geschichte.

Die wirtschaftlichen Schwierigkeiten und die anhaltenden Pestwellen schwächten das Byzantinische Reich und machten es weniger fähig, zukünftige Bedrohungen abzuwehren. In Europa trug die Störung zu einem breiteren Rückgang während des sogenannten „dunklen Zeitalters“ bei und verlangsamte den Fortschritt in verschiedenen Wissens- und Technologiebereichen.

Die Kombination aus Abkühlung des Klimas, Hungersnot, Pandemie und politischer Unruhe machte das Jahr 536 zu einem einzigartig katastrophalen Jahr. Seine Auswirkungen veränderten Bevölkerungen und geopolitische Dynamiken auf eine Weise, die über Jahrhunderte nachhallten. Während Historiker und Wissenschaftler weiterhin Beweise aus historischen Quellen und Umweltanalysen zusammenfügen, wird die ganze Geschichte des Jahres 536 allmählich klarer und unterstreicht den tiefgreifenden Einfluss von Umwelt- und biologischen Kräften auf die Menschheitsgeschichte.

Der seltsame Tod von König Heinrich I.

Heinrich I., auch bekannt als Heinrich Beauclerc, war der vierte Sohn von Wilhelm dem Eroberer und wurde König von England nach dem Tod seines älteren Bruders Wilhelm II. im Jahr 1100. Seine Herrschaft ist bekannt für mehrere bedeutende Errungenschaften, darunter die Ausstellung der Charter of Liberties, die letztlich zur Entstehung der Magna Carta führte, und die Vereinigung der englischen und normannischen Bevölkerungen in seinem Reich. Doch sein Tod im Jahr 1135 erzählt eine merkwürdige und warnende Geschichte über die Gefahren der Hingabe an Lieblingsdelikatessen. Heinrich I. hatte eine bekannte Vorliebe für Neunaugen, eine Art kieferloser Fisch, der seit der Antike als Luxusessen galt.

Neunaugen sind lange, aalartige Kreaturen, die sich an andere Fische anheften und deren Blut saugen. In der mittelalterlichen Küche, insbesondere bei der englischen und französischen Aristokratie, waren Neunaugen sehr begehrt und wurden oft in reichhaltigen, üppigen Saucen zubereitet. Trotz der wiederholten Warnungen seiner Ärzte, diese Delikatesse aufgrund seines fortschreitenden Alters und seiner Gesundheitsprobleme zu meiden, konnte Heinrich angeblich nicht widerstehen, sich diesem Lieblingsgericht hinzugeben. Im Dezember 1135, als er sich in der Normandie aufhielt, wurde er schwer krank, nachdem er eine „Überfülle an Neunaugen" gegessen hatte – ein Übermaß, das sich als tödlich erwies. Der Chronist Heinrich von Huntingdon bemerkte ausdrücklich, dass dieses Übermaß die Ursache für das schwere Verdauungsproblem des Königs war, das schnell zu seinem Tod führte.

Dieses Ereignis unterstrich den mittelalterlichen Glauben an die gesundheitlichen Gefahren von Übermaß, insbesondere in Bezug auf reichhaltige und dekadente Speisen. Heinrichs Tod hatte tiefgreifende Konsequenzen für England und die Normandie. Er hatte einen Großteil seiner Herrschaft damit verbracht, die Macht zu festigen und die Verwaltung seiner Territorien zu stärken, Bemühungen, die durch seinen unerwarteten Tod gefährdet wurden.

Sein einziger legitimer Sohn, William Adelin, war 1120 bei der Katastrophe des White Ship ums Leben gekommen, was die Thronfolge ungewiss machte. Heinrichs Versuche, den Thron für seine Tochter Matilda zu sichern, wurden nicht allgemein akzeptiert, was zu einer Zeit des Bürgerkriegs führte, die als The Anarchy bekannt wurde. Der Streit entstand zwischen Matilda und ihrem Cousin Stephan von Blois, der nach Heinrichs Tod den Thron an sich riss und zu einem langen und zerstörerischen Konflikt führte, der das ganze Königreich heimsuchte. Heinrich I.s Tod dient als frühes Beispiel dafür, wie die persönlichen Gewohnheiten und Entscheidungen eines Monarchen direkt den Verlauf der Geschichte eines Landes beeinflussen können. Die „Überfülle an Neunaugen" markierte nicht nur das Ende seines Lebens, sondern ebnete auch den Weg für Instabilität und Konflikte, die langfristige Auswirkungen auf die englische Regierungsführung und die feudale Gesellschaft hatten. Diese Geschichte trägt auch zu der reichen Überlieferung historischer Berichte bei, in denen das persönliche und politische Leben mittelalterlicher Herrscher mit dem Essen, das sie zu sich nahmen, verflochten ist und die komplexe Beziehung zwischen Ernährung, Gesundheit und Macht widerspiegelt.

Ein Tanz mit dem Tod

Die Tanzplage von 1518 ist eines der bizarrsten und rätselhaftesten Ereignisse der Geschichte. Eine Frau begann im Juli desselben Jahres leidenschaftlich auf den Straßen von Straßburg (damals Teil des Heiligen Römischen Reiches) zu tanzen, und innerhalb weniger Tage schlossen sich ihr Hunderte von Menschen an. Dieses spontane und unkontrollierbare Tanzen dauerte etwa einen Monat und führte schockierenderweise zu einer Reihe von Todesfällen durch Erschöpfung, Herzinfarkt oder Schlaganfall. Das Phänomen begann, als eine Frau namens Frau Troffea auf die Straße trat und wild zu tanzen begann. Es gab keine Musik und keinen offensichtlichen Grund für ihr Verhalten, doch sie tanzte weiter.

Innerhalb einer Woche hatten sich ihr Dutzende angeschlossen, und bis zum Ende des Monats nahmen bis zu 400 Menschen an der Tanzplage teil. Die örtlichen Behörden waren alarmiert und ratlos und konnten nicht verstehen, was die Menschen dazu trieb, zu tanzen, bis sie starben. Historische Berichte deuten darauf hin, dass die Teilnehmer nicht aus Freude oder Feierlust tanzten; vielmehr schienen sie von einem seltsamen Leid geplagt zu sein. Zeugen beschrieben ihre Bewegungen als hektisch und verzweifelt, und die Tänzer sollen geschrien, geweint und um Gnade gebettelt haben, während sie weiter tanzten. Die örtlichen Behörden verordneten zunächst „mehr Tanzen“ als Heilmittel und errichteten sogar Bühnen, um die Betroffenen weiter zum Tanzen zu bringen. Diese Maßnahme erwies sich jedoch als ineffektiv und für einige tödlich. Ärzte erklärten die Plage damals als eine natürliche Krankheit, verursacht durch „heißes Blut“, ohne jedoch den tatsächlichen Grund zu verstehen.

Moderne Theorien schlagen vor, dass das Phänomen durch eine Vergiftung mit Mutterkorn, einem auf Getreide wachsenden Pilz, ausgelöst worden sein könnte. Chemische Verbindungen des Mutterkorns ähneln LSD, was Krämpfe und Halluzinationen verursachen könnte, die den Symptomen der Tanzplage ähneln.

Eine andere Theorie vermutet, dass es sich um eine Massenhysterie handelte, eine psychogene Erkrankung, die in Gemeinschaften auftritt, die extremem Stress ausgesetzt sind. Zu jener Zeit litt Straßburg unter wirtschaftlicher Not und Krankheiten wie Pocken und Syphilis, und die Ankunft syphilisgeplagter Truppen von König Maximilian könnte die Ängste der Bevölkerung verstärkt haben. Es ist möglich, dass die Tanzplage eine psychosomatische Reaktion auf die unerträglichen Belastungen und Verzweiflung der Gemeinschaft war. Letztendlich verschwand die Tanzplage so mysteriös, wie sie begonnen hatte. Im September 1518 hatten die Tänzer allmählich aufgehört, und die Epidemie endete. Das Ereignis hinterließ einen bleibenden Eindruck in Straßburg und bleibt ein faszinierendes Beispiel für die rätselhaften Strömungen der Menschheitsgeschichte. Die Tanzplage von 1518 fasziniert Historiker und Psychologen gleichermaßen. Sie zeigt eindrucksvoll das Zusammenspiel zwischen dem psychologischen Zustand von Individuen und den breiteren sozioökonomischen Umständen, in denen sie leben. Es erinnert uns an die außergewöhnlichen Wege, auf denen Körper und Geist auf Stress reagieren und Phänomene schaffen können, die von außen völlig unerklärlich erscheinen.

Der Mann, der eine Eisenstange durch sein Gehirn überlebte

Phineas Gage ist einer der berühmtesten Fälle in der Geschichte der Neurowissenschaften und wird oft als frühes Beispiel für das Verständnis der Beziehung zwischen Gehirn, Persönlichkeit und Verhalten angeführt. Seine Geschichte ist so dramatisch wie einflussreich, denn ein tragischer Unfall veränderte sein Leben unwiderruflich und trug letztendlich unerwartet zur medizinischen und psychologischen Wissenschaft bei. Am 13. September 1848 arbeitete der 25-jährige Phineas Gage als Vorarbeiter beim Bau der Rutland- und Burlington-Eisenbahn in Cavendish, Vermont. Seine Aufgabe bestand unter anderem darin, Sprengladungen zu setzen, um große Gesteinsbrocken zu entfernen. Dies geschah, indem ein Loch in den Felsen gebohrt, Sprengpulver, eine Zündschnur und Sand hinzugefügt und dann mit einer Stampfeisenstange der Sand verdichtet wurde.

Das Stampfeisen war ein großes, schweres Eisenrohr, etwa 1,10 Meter lang und 3 Zentimeter im Durchmesser. An jenem schicksalhaften Tag kam es zu einem tragischen Missgeschick. Als Gage das Stampfeisen benutzte, um den Sand zu verdichten, erzeugte das Eisen einen Funken, der das Pulver entzündete. Die Explosion schleuderte die Eisenstange mit hoher Geschwindigkeit durch Gages Kopf. Die Stange trat durch seine linke Wange ein, passierte hinter seinem linken Auge und verließ den Schädel durch den oberen Teil seines Kopfes, wobei sie etwa 25 Meter weiter landete. Erstaunlicherweise war Gage bei Bewusstsein und konnte innerhalb von Minuten gehen.

Er wurde auf einem Ochsenkarren zu einem nahegelegenen Hotel gebracht, wo ihn der lokale Arzt Dr. John Martyn Harlow behandelte. Gage überlebte den Unfall, obwohl die Stange einen großen Teil seines linken Frontallappens zerstörte, einem Gehirnbereich, der für kognitive Funktionen und Persönlichkeit von entscheidender Bedeutung ist. Gages körperliche Genesung war bemerkenswert.

Innerhalb eines Monats war er fast vollständig genesen, doch seine psychologische Erholung gestaltete sich schwieriger. Vor dem Unfall wurde Gage als fleißig, verantwortungsbewusst und „bei denen, die ihn kannten, sehr beliebt" beschrieben. Nach dem Unfall jedoch wurde er als respektlos, impulsiv und launisch beschrieben – ein scharfer Kontrast zu seiner früheren Persönlichkeit. Diese Veränderung bot einen der ersten Beweise dafür, dass die Frontallappen des Gehirns mit Persönlichkeit und sozialem Verhalten verbunden sind.

Phineas Gage arbeitete weiterhin in verschiedenen Berufen, darunter zeitweise als Attraktion im Barnum's American Museum in New York und als Postkutschenfahrer in Chile. Sein Leben nach dem Unfall illustriert die Herausforderungen, denen er sich aufgrund seiner veränderten Persönlichkeit und reduzierten sozialen Hemmungen stellen musste, was seine Fähigkeit, eine feste Arbeit zu behalten, beeinträchtigte. Gage starb am 21. Mai 1860 in San Francisco, zwölf Jahre nach dem Unfall, wahrscheinlich aufgrund von Anfällen, die mit seinen Hirnverletzungen in Verbindung standen. Sein Schädel, zusammen mit dem Stampfeisen, das ihn verletzt hatte, wird im Warren Anatomical Museum der Harvard Medical School aufbewahrt. Gages Fall wurde intensiv untersucht und wird oft in Diskussionen über Neurowissenschaften, Psychologie und die Geschichte der Gehirnforschung erwähnt.

Der König, der glaubte, er sei aus Glas

Karl VI. von Frankreich, bekannt als Karl der Wahnsinnige, regierte von 1380 bis zu seinem Tod im Jahr 1422. Seine Regierungszeit war geprägt von politischer Unruhe, ausländischen Invasionen und seinen eigenen psychischen Erkrankungen, von denen eine der bemerkenswertesten und bizarrsten seine Überzeugung war, dass er aus Glas bestand. Diese Wahnvorstellung ist eines der bekanntesten Beispiele für psychische Erkrankungen in der mittelalterlichen Geschichte und hat Historiker und Psychologen gleichermaßen fasziniert. Die psychischen Probleme Karls VI. wurden erstmals in seinen frühen Zwanzigern deutlich. Die erste dokumentierte Episode ereignete sich 1392, als Karl während einer Sommerkampagne in der Bretagne plötzlich und ohne Vorwarnung seine eigenen Ritter angriff und mehrere tötete.

Dieses Ereignis markierte den Beginn seines lebenslangen Kampfes mit psychischer Instabilität, die sich in verschiedenen schwerwiegenden Episoden während seiner Herrschaft zeigte. Eine der außergewöhnlichsten Ausprägungen seiner Krankheit war seine Wahnvorstellung der Zerbrechlichkeit, die historisch als „Glaswahn“ bekannt ist. Karl glaubte, dass er aus Glas bestand, einem zerbrechlichen Material, und daher Gefahr lief, in Stücke zu zerbrechen. Diese Überzeugung beeinflusste sein Verhalten und seine Pflichten als König erheblich. Berichten zufolge ließ er Eisenstäbe in seine Kleidung einnähen, um seinen Körper zu verstärken und sich vor dem Zerbrechen zu schützen.

Er vermied körperlichen Kontakt mit anderen und verharrte oft stundenlang bewegungslos aus Angst, jede Bewegung könnte ihn zersplittern lassen. Dieser spezielle Wahn ist ein seltenes psychiatrisches Phänomen, das besonders im Spätmittelalter und in der frühen Neuzeit beobachtet wurde. Psychologen würden eine solche Überzeugung heute möglicherweise als eine Form von hypochondrischem Wahn klassifizieren, bei dem der Betroffene unbegründet davon überzeugt ist, an einer schweren Krankheit oder körperlichen Störung zu leiden.

Im Fall von Karl spiegelte die Zerbrechlichkeit des Glases vielleicht seine eigene gefühlte Verletzlichkeit wider, die sowohl seine Unfähigkeit, sein Königreich als auch seinen eigenen Geist zu kontrollieren, symbolisierte. Die politischen Konsequenzen von Karls VI. psychischer Krankheit waren erheblich. Während seiner lichten Momente war Karl in der Lage, seine Pflichten als König zu erfüllen. Doch seine häufigen Rückfälle wurden von rivalisierenden Fraktionen ausgenutzt, die versuchten, die Krone zu kontrollieren. Seine wiederkehrende Unfähigkeit zu regieren führte zu erbitterten Machtkämpfen unter dem Adel, insbesondere zwischen seinem Bruder, Ludwig von Orléans, und seinem Cousin, Johann Ohnefurcht von Burgund.

Dieser Konflikt eskalierte schließlich zu einem Bürgerkrieg und schwächte Frankreich in einer Zeit, in der das Land bereits im Hundertjährigen Krieg gegen England zu kämpfen hatte. Karls Zustand hatte auch tiefgreifende Auswirkungen auf seine Familie und die Nachfolge. Seine Unfähigkeit zu regieren trug zu dem desaströsen Vertrag von Troyes im Jahr 1420 bei, in dem er seinen eigenen Sohn, den späteren Karl VII., enterbte und den englischen König Heinrich V. als seinen Nachfolger und Regenten von Frankreich anerkannte.

Dieser Vertrag war eine direkte Folge seiner geistigen Unfähigkeit und der politischen Manipulation durch seine Umgebung, einschließlich seiner Frau, Königin Isabeau von Bayern, die tief in die Fraktionspolitik des Hofes verwickelt war. Karl VI. starb 1422, und sein Vermächtnis wird heute mehr durch seine Krankheit als durch seine Errungenschaften als Monarch in Erinnerung behalten. Seine Herrschaft zeigt die Herausforderungen der mittelalterlichen Königsherrschaft und die potenziellen Auswirkungen von psychischen Erkrankungen auf historische Ereignisse.

Der Mann, der den Dritten Weltkrieg verhinderte

Stanislav Petrow, ein relativ unbekannter sowjetischer Offizier, wurde während einer der angespanntesten Phasen des Kalten Krieges durch sein besonnenes Handeln zu einem unwahrscheinlichen Helden. Am 26. September 1983, auf dem Höhepunkt der Spannungen zwischen der Sowjetunion und den Vereinigten Staaten, war Petrow im Serpuchow-15-Bunker nahe Moskau im Dienst, dem Kommandozentrum des sowjetischen Frühwarnsatellitensystems. Dieses System war dafür ausgelegt, Interkontinentalraketen aus den USA zu erkennen, die auf die Sowjetunion abgefeuert wurden. Was an diesem Tag geschah, wird heute als einer der entscheidenden Momente betrachtet, in dem eine potenzielle nukleare Katastrophe abgewendet wurde.

Zu dieser Zeit war das politische Klima äußerst angespannt. Anfang September hatte die Sowjetunion versehentlich das koreanische Passagierflugzeug KAL 007 abgeschossen, wobei alle 269 Passagiere und Besatzungsmitglieder, darunter auch ein US-Kongressabgeordneter, ums Leben kamen. Dieser Vorfall verschärfte die ohnehin eisigen Beziehungen zwischen den Supermächten. In diesem Kontext hoher Alarmbereitschaft und Paranoia war die Rolle des Frühwarnsystems von entscheidender Bedeutung. In dieser schicksalhaften Nacht meldete das sowjetische Satellitenwarnsystem den Start von Interkontinentalraketen aus den USA, die auf die Sowjetunion gerichtet waren.

Laut dem Alarm waren fünf Raketen gestartet worden, was angesichts der erwarteten Taktik eines massiven Erstschlags, wie es im Falle eines Nuklearkrieges erwartet wurde, ungewöhnlich erschien. Petrow stand vor der enormen Aufgabe, die Glaubwürdigkeit der Warnung des Satellitensystems zu beurteilen. Seine Optionen waren klar: Er konnte seine Vorgesetzten benachrichtigen, was fast zwangsläufig zu einem Vergeltungsschlag geführt hätte, basierend auf der sowjetischen Doktrin, bei Bestätigung eines Angriffs sofort zurückzuschlagen. Petrow jedoch hegte Zweifel an der Zuverlässigkeit des neuen Frühwarnsystems.

Ihm kam es verdächtig vor, dass nur fünf Raketen abgefeuert worden waren, und sein Bauchgefühl sagte ihm, dass es sich um einen Fehlalarm handelte. Seine Ausbildung und Intuition ließen ihn vermuten, dass ein echter amerikanischer Erstschlag viel massiver ausfallen würde, um die sowjetischen Antwortkapazitäten effektiv auszuschalten. Petrow entschied sich, den Raketenalarm nicht als Angriff zu melden und ihn stattdessen als Fehlalarm abzutun. Diese Entscheidung traf er unter immensem Druck, da das Protokoll in solchen Situationen vorsah, sich sofort auf eine nukleare Vergeltung vorzubereiten, basierend auf der Doktrin der "gegenseitig gesicherten Zerstörung" (Mutually Assured Destruction, MAD). Minuten vergingen, ohne dass ein tatsächlicher Angriff bestätigt wurde, was Petrows Verdacht bestätigte, dass das Satellitensystem aufgrund einer seltenen Ausrichtung von Sonnenlicht auf hochgelegene Wolken falsch ausgelöst worden war.

Petrows Entscheidung, nichts zu unternehmen, wurde später als entscheidend dafür angesehen, einen fehlerhaften nuklearen Vergeltungsschlag gegen die USA und ihre Verbündeten zu verhindern, was zu einem großflächigen Nuklearkrieg hätte führen können. Trotz dieser heroischen Tat wurde Petrow von seinen Vorgesetzten gerügt – nicht wegen seiner Entscheidung, sondern weil er seine Handlungen nicht korrekt dokumentiert hatte. Er wurde in der Sowjetunion zu dieser Zeit weder belohnt noch groß anerkannt.

Die Geschichte von Stanislav Petrow blieb bis nach dem Zerfall der Sowjetunion relativ unbekannt, als sie internationale Aufmerksamkeit erlangte. Petrow erhielt in den Jahren vor seinem Tod im Jahr 2017 mehrere internationale Auszeichnungen für seine Rolle bei der Verhinderung eines möglichen Nuklearkriegs. Seine Geschichte ist ein eindrucksvolles Zeugnis für die Bedeutung individuellen Urteilsvermögens und die potenziell monumentalen Auswirkungen einer einzigen Entscheidung. Sie unterstreicht die Zerbrechlichkeit der Systeme, auf denen die globale Sicherheit während des Kalten Krieges beruhte, und erinnert uns daran, welche Risiken die nukleare Aufrüstung birgt.

Die merkwürdigsten Fluten

Zwei der ungewöhnlichsten und tragischsten Industrieunfälle in der Geschichte sind die Londoner Bierflut von 1814 und die Große Melasseflut in Boston im Jahr 1919. Diese Ereignisse, die über ein Jahrhundert auseinanderliegen und verschiedene Substanzen betreffen, haben gemeinsame bizarre Umstände, die zu verheerenden Folgen führten.

Die Londoner Bierflut von 1814

Am 17. Oktober 1814 ereignete sich im Londoner Stadtteil St. Giles eine katastrophale Tragödie, die heute als Londoner Bierflut bekannt ist. Das Unglück ereignete sich in der Meux and Company Brewery in der Tottenham Court Road, als ein riesiges Fass mit über 600.000 Litern Bier plötzlich platzte. Dieses erste Fass führte zu einem Dominoeffekt, bei dem auch andere Fässer im selben Gebäude nachgaben. Etwa 1,5 Millionen Liter Bier ergossen sich in einer riesigen Welle, die die Rückwand der Brauerei durchbrach und in die umliegenden Straßen strömte. Häuser und Gebäude wurden schnell überflutet; in einigen Gebieten reichte das Bier bis zum ersten Stockwerk. Die Flut forderte das Leben von acht Menschen, die entweder ertranken, durch Trümmer verletzt wurden oder bei Gebäudeeinstürzen starben. Das betroffene Viertel war arm und dicht besiedelt, was die Bewältigung einer solchen Katastrophe besonders erschwerte. Trotz der Schwere des Unfalls wurde die Brauerei letztendlich von der Haftung freigesprochen, nachdem ein Gericht das Ereignis als höhere Gewalt einstufte.

Die Firma erhielt sogar eine Steuererleichterung auf das verlorene Bier, was die laxen Industrievorschriften der damaligen Zeit und das Fehlen von Unternehmensverantwortung unterstreicht.

Die Große Melasseflut in Boston 1919

Am 15. Januar 1919 ereignete sich in Boston, Massachusetts, ein ebenso surrealer und tragischer Vorfall. Ein großer Lagertank, gefüllt mit 8,7 Millionen Litern Melasse, platzte im Nordendviertel in der Nähe von Keany Square. Der Tank, der der United States Industrial Alcohol Company gehörte, war schlecht gebaut und trotz früherer Anzeichen struktureller Schwächen nicht ordnungsgemäß gewartet worden. Die resultierende Flut setzte eine Welle von Melasse frei, die an ihrer Spitze 4,5 Meter hoch war und mit etwa 56 km/h durch die Straßen schoss. Die dichte, zähflüssige Welle zerstörte Gebäude, kippte Fahrzeuge um und überschwemmte die Straßen, was den Tod von 21 Menschen und Verletzungen bei 150 weiteren zur Folge hatte.

Die Rettungsmaßnahmen wurden durch die klebrige Melasse erschwert, die Opfer und Trümmer gleichermaßen bedeckte und die Bergung äußerst schwierig machte. Die Aufräumarbeiten nach der Katastrophe dauerten Wochen, wobei Hunderte von Menschen halfen, die betroffenen Straßen, Häuser und Geschäfte zu reinigen. Der Bostoner Hafen blieb bis zum Sommer braun gefärbt. Das rechtliche Nachspiel führte zu einem langwierigen Gerichtsverfahren, bei dem über 100 Klagen gegen die United States Industrial Alcohol Company eingereicht wurden. Letztlich wurde das Unternehmen haftbar gemacht, und dieser Vorfall führte zu Änderungen in den Bauvorschriften und Regulierungen für den Bau solcher Tanks.

Der unheimlichste Ort in Mexiko

In den Kanälen von Xochimilco, südlich von Mexiko-Stadt, liegt eine kleine Insel, die eine dunkle und unheimliche Reputation erlangt hat und sowohl Neugierige als auch Mutige anzieht. Bekannt als die "Isla de las Muñecas" oder die Insel der Puppen, soll sie vom Geist eines jungen Mädchens heimgesucht werden, das dort unter mysteriösen Umständen gestorben ist. Im Laufe der Jahrzehnte wurde die Insel von einer gruseligen Atmosphäre umhüllt, verstärkt durch die Hunderte von verfallenden Puppen, die von den Bäumen hängen. Diese Puppen, mit ihren leblosen Augen und unheimlichen Ausdrücken, tragen zur gespenstischen Stimmung der Insel bei und machen sie zu einem der gruseligsten Orte in Mexiko. Die Geschichte der Insel der Puppen begann in den 1950er Jahren, als sich ein zurückgezogener Mann namens Don Julian Santana Barrera auf der Insel niederließ.

Laut der lokalen Überlieferung entdeckte Don Julian kurz nach seiner Ankunft die Leiche eines jungen Mädchens, das unter mysteriösen Umständen in einem der Kanäle ertrunken war. Ihr Tod erschütterte ihn zutiefst, und als er später eine Puppe im Kanal fand, hängte er sie als Zeichen des Respekts und der Unterstützung für den Geist des verstorbenen Mädchens an einen Baum. Von ihrem Tod heimgesucht und von einer unerklärlichen Kraft getrieben, begann Don Julian, immer mehr Puppen, viele davon in verschiedenen Stadien des Verfalls, auf der Insel zu sammeln und aufzuhängen.

Er glaubte offenbar, dass diese Puppen von den Geistern verlorener Mädchen besessen seien, und sammelte und stellte sie über 50 Jahre lang auf der Insel zur Schau. Don Julian beschrieb die Insel als einen verzauberten Ort, der der verlorenen Seele des Mädchens gewidmet war. Doch trotz seiner Absichten verwandelten die Puppen, besonders bei Nacht, die Insel eher in einen Ort der Albträume als in einen der Ehrfurcht. Besucher berichten davon, dass die Puppen unheimlich miteinander flüstern, während andere behaupten, die Puppen würden sie auf die Insel locken.

Diese Erzählungen verstärken das mystische und unheimliche Bild dieses Ortes. Die tragische Erzählung nahm eine noch unheimlichere Wendung, als Don Julian im Jahr 2001 tot aufgefunden wurde – er war im selben Bereich des Kanals ertrunken, wo das Mädchen gestorben war. Familienangehörige sagten, dass er in der Nähe der Stelle gewesen sei, an der er die Leiche des Mädchens gefunden hatte, was zu Spekulationen führte, dass die Geister der Insel ihn zu einem der ihren gemacht haben könnten. Seitdem ist die Insel der Puppen zu einer Touristenattraktion geworden, die durch Dokumentarfilme und Medienberichte weltweit bekannt wurde und Abenteurer sowie Paranormal-Enthusiasten aus der ganzen Welt anzieht. Besucher bringen oft weitere Puppen auf die Insel, um zur Sammlung beizutragen, als Zeichen des guten Willens oder vielleicht, um die Geister zu besänftigen. Trotz ihres erschreckenden Rufs – oder vielleicht gerade deswegen – hat die Insel etwas Seltsames und Anziehendes, das die einzigartige Mischung aus Mystizismus und Aberglaube verkörpert, die viele Aspekte des mexikanischen Volksglaubens prägt.

Der unheimliche Ruf der Insel wurde mit mehreren Berichten über unerklärliche Vorfälle in Verbindung gebracht, darunter das Gefühl einer bedrückenden Angst, plötzliche schwere Krankheiten, unerklärliche Verletzungen und sogar der Tod von Besuchern, die kurz nach ihrem Besuch auf der Insel unter mysteriösen Umständen starben. Diese Berichte sind größtenteils nicht verifiziert und könnten auf übertriebene Erzählungen zurückzuführen sein, aber sie haben sicherlich zur Legende der Isla de las Muñecas beigetragen.

Die McDonald's-Hot-Coffee-Klage

Die McDonald's-Hot-Coffee-Klage von 1994 ist eine der bekanntesten und am meisten missverstandenen Personenschadensfälle in der amerikanischen Rechtsgeschichte. Sie wurde zu einem zentralen Punkt in Debatten über die Reform des Schadenersatzrechts in den USA und wird oft als Beispiel für überzogene Klagen zitiert. Doch die Details des Falls offenbaren eine komplexere und nuanciertere Situation als die populäre Erzählung vermuten lässt. Der Fall, Liebeck gegen McDonald's Restaurants, betraf Stella Liebeck, eine 79-jährige Frau aus Albuquerque, New Mexico, die schwere Verbrennungen dritten Grades erlitt, nachdem sie heißen Kaffee, den sie im Drive-in von McDonald's gekauft hatte, auf ihren Schoß verschüttete. Der Vorfall ereignete sich am 27. Februar 1992, als Liebeck im Beifahrersitz eines geparkten Autos saß und den Kaffeebecher zwischen ihren Knien hielt, während sie versuchte, den Deckel zu entfernen.

Der Becher kippte um, und der kochend heiße Kaffee ergoss sich auf ihren Schoß. Sie trug Baumwollsweatpants, die den Kaffee aufsaugten und ihn gegen ihre Haut drückten, was die Schwere der Verbrennungen verschlimmerte. Liebeck wurde acht Tage lang ins Krankenhaus eingeliefert, wo sie Hauttransplantationen und andere Behandlungen für die Verbrennungen, die sechs Prozent ihres Körpers, einschließlich ihrer Oberschenkel, ihres Gesäßes und ihrer Leisten, betrafen, erhielt. Ihre Genesung war schmerzhaft und langwierig, und sie behielt dauerhafte Narben zurück.

Ursprünglich versuchte Liebeck, ihren Anspruch mit McDonald's für 20.000 Dollar zur Deckung ihrer medizinischen Ausgaben und ihres Verdienstausfalls beizulegen, da ihre Tochter Arbeit verpasst hatte, um sich um sie zu kümmern. McDonald's bot nur 800 Dollar als Entschädigung an, was dazu führte, dass Liebeck einen Anwalt einschaltete und im August 1994 Klage erhob. Der Fall ging vor Gericht, wo ihr Anwalt argumentierte, dass der Kaffee von McDonald's gefährlich heiß sei – serviert bei Temperaturen zwischen 180 und 190 Grad Fahrenheit, deutlich heißer als Kaffee, der normalerweise zu Hause oder in anderen Restaurants serviert wird, der in der Regel etwa 135 bis 140 Grad Fahrenheit beträgt.

Während des Prozesses stellte sich heraus, dass McDonald's in den letzten zehn Jahren mehr als 700 Berichte über Verbrennungen durch heiße Getränke erhalten hatte, aber keine wesentlichen Maßnahmen zur Verringerung des Risikos ergriffen hatte. Das Unternehmen verteidigte seine Praktiken, indem es erklärte, dass die hohe Temperatur notwendig sei, um den optimalen Geschmack zu gewährleisten. Die Jury befand McDonald's für die Verbrennungen verantwortlich, weil der Kaffee unzumutbar gefährlich war und McDonald's es versäumt hatte, die Kunden angemessen vor dem Risiko zu warnen. Die Jury sprach Liebeck 200.000 Dollar Schmerzensgeld zu, das auf 160.000 Dollar reduziert wurde, weil sie zu 20 Prozent für den Vorfall verantwortlich befunden wurde. Außerdem sprach die Jury 2,7 Millionen Dollar Strafschadensersatz zu, um McDonald's für seine Praktiken zu bestrafen; dieser Betrag entsprach etwa zwei Tagen des Kaffeeverkaufs von McDonald's.

Der Richter reduzierte später den Strafschadensersatz auf 480.000 Dollar, dreimal so viel wie das Schmerzensgeld, mit der Begründung der Angemessenheit und Fairness, obwohl er das Verhalten von McDonald's als rücksichtslos, gefühllos und vorsätzlich bezeichnete. Beide Parteien legten Berufung ein, aber schließlich wurde der Fall außergerichtlich für eine ungenannte Summe beigelegt, die wahrscheinlich weniger als 600.000 Dollar betrug.

Der McDonald's-Kaffeefall wurde häufig als Beispiel dafür herangezogen, wie die Medien die öffentliche Wahrnehmung von Personenschadensfällen verzerren können. Oft als Fall von ausufernder Klagewut dargestellt, zeigte der Fall in Wirklichkeit bedeutende Fragen zur Unternehmensverantwortung und Verbrauchersicherheit auf. Der Fall führte zu einem größeren Bewusstsein für die potenziellen Gefahren heißer Getränke und veranlasste viele Betriebe, einschließlich McDonald's, die Temperatur ihres Kaffees zu senken.

Was geschah mit Einsteins Gehirn nach seinem Tod?

Die Geschichte von Albert Einsteins Gehirn ist ebenso seltsam und faszinierend wie jede wissenschaftliche Theorie, die der berühmte Physiker jemals entwickelt hat. Nach seinem Tod am 17. April 1955 wurde Einsteins Gehirn zum Gegenstand von viel Neugier und bizarren Ereignissen, die zu einer jahrzehntelangen Odyssee führten, in der Teile seines Gehirns quer durch Amerika im Kofferraum eines Autos transportiert wurden. Einstein starb im Alter von 76 Jahren im Princeton Hospital in New Jersey an einem abdominalen Aortenaneurysma. Vor seinem Tod hatte er den Wunsch geäußert, ohne großes Aufsehen eingeäschert zu werden, um zu verhindern, dass Menschen seine sterblichen Überreste verehren würden. Doch der diensthabende Pathologe, Dr. Thomas Harvey, hatte andere Pläne, als ihm die Durchführung der Autopsie anvertraut wurde.

Ohne die Erlaubnis von Einsteins Familie entnahm Harvey Einsteins Gehirn, angeblich für wissenschaftliche Forschungen. Er glaubte, dass die Untersuchung des Gehirns eines Genies wie Einstein Aufschluss über die biologischen Grundlagen seiner außergewöhnlichen kognitiven Fähigkeiten geben könnte. Nachdem er das Gehirn entnommen hatte, schnitt Harvey es in 240 Stücke und konservierte die Teile in Celloidin, einem harten, plastikähnlichen Material. Die Stücke wurden dann in zwei großen Glasgefäßen in Alkohol gelagert.

Anstatt eine wissenschaftliche Offenbarung zu entzünden, folgte eine lange Zeit, in der Harvey das Gehirn im Grunde illegal behielt. Er nahm es mit, als er seinen Job in Princeton verlor und in den Mittleren Westen zog, wo er verschiedene medizinische Tätigkeiten ausübte. Im Laufe der Jahre schickte Harvey Stücke von Einsteins Gehirn an verschiedene Forscher auf der ganzen Welt. In den 1980er Jahren wurden einige dieser Teile in Studien verwendet, die angeblich signifikante Unterschiede im Parietallappen, einem Bereich, der mit mathematischen und räumlichen Fähigkeiten in Verbindung steht, entdeckten. Diese Studien waren jedoch umstritten und wurden wegen ihrer Methodik und Schlussfolgerungen stark kritisiert. Viele in der wissenschaftlichen Gemeinschaft argumentierten, dass die Forschung keine strengen Standards erfüllte und keine eindeutigen Erkenntnisse über die neurologischen Grundlagen von Einsteins Intelligenz lieferte.

Die Geschichte nahm in den 1990er Jahren eine Wendung, als Harvey in die Gegend von Princeton zurückzog und die Nachricht über das verschwundene Gehirn bekannter wurde. Dieses erneute Interesse führte 1994 zu einem Besuch des Journalisten Michael Paterniti, der später ein Buch mit dem Titel Driving Mr. Albert: A Trip Across America with Einstein's Brain schrieb. Paterniti und Harvey unternahmen eine Reise nach Kalifornien, wo ein weiteres Stück des Gehirns von einem anderen Wissenschaftler untersucht wurde, was der Geschichte eine noch surrealere Note hinzufügte. Schließlich, nach Jahrzehnten, in denen Harvey Einsteins Gehirn aufbewahrt hatte, gab er die verbliebenen Proben an die Pathologieabteilung des Princeton Hospitals zurück.

Seitdem wurden die Teile sorgfältig am University Medical Center der Princeton University aufbewahrt. Die Odyssee von Einsteins Gehirn, die von ethischen Fragen und wissenschaftlicher Neugier geprägt war, bleibt eine der ungewöhnlichsten Episoden in der Geschichte der Medizin.

Der Diebstahl und die darauf folgende Odyssee von Einsteins Gehirn verdeutlichen das komplexe Zusammenspiel von Ethik und wissenschaftlichem Streben. Trotz Harveys Absicht, die Wissenschaft voranzutreiben, ist sein Handeln ein warnendes Beispiel dafür, dass individuelle Rechte und gesetzliche Grenzen respektiert werden müssen. Auch wenn die Studien an Einsteins Gehirn unsere Erkenntnisse über Intelligenz nicht entscheidend erweitert haben, bleibt die Geschichte sowohl für die wissenschaftliche Gemeinschaft als auch für die Öffentlichkeit faszinierend und stellt ein seltsames Kapitel im Vermächtnis eines der größten Denker der Geschichte dar.

Das meistgeküsste Mädchen der Welt

Die Geschichte des "meistgeküssten Mädchens der Welt" ist sowohl gespenstisch als auch faszinierend. Sie verbindet ein historisches Rätsel mit einem bedeutenden Beitrag zur modernen medizinischen Ausbildung. Der Titel bezieht sich auf L'Inconnue de la Seine (Die Unbekannte aus der Seine), deren ruhige Totenmaske angeblich das Gesicht von Resusci Anne wurde, der ersten Wiederbelebungspuppe für die CPR-Ausbildung. Ihr rätselhaftes Lächeln ist seit den 1950er Jahren Teil von CPR-Zertifizierungskursen, was bedeutet, dass ihr Gesicht – wenn auch als Replikat – von Millionen Menschen geküsst wurde, die die lebensrettende Technik der Herz-Lungen-Wiederbelebung erlernt haben. Die Ursprünge von L'Inconnue de la Seine sind in Mythen und urbanen Legenden verwoben. Laut einer populären Erzählung wurde ihr Körper in den späten 1880er Jahren aus der Seine am Quai du Louvre in Paris geborgen.

Es hieß, sie sei eine junge Frau, möglicherweise im späten Teenageralter, die ertrunken sei – ob durch Selbstmord oder Unfall, konnte niemand genau sagen, da keine Anzeichen von Gewalt an ihrem Körper gefunden wurden. Fasziniert von ihrer Schönheit und ihrem friedlichen Ausdruck, der keine Spuren von Angst oder Leiden zeigte, fertigte ein Pathologe in der Pariser Leichenhalle eine Wachstotenmaske von ihrem Gesicht an.

Diese Maske wurde zu einem festen Bestandteil der Pariser Bohème-Gesellschaft, und Kopien schmückten schließlich die Wände von Häusern und Ateliers in ganz Europa. Das Antlitz der Unbekannten inspirierte zahlreiche literarische Werke, Gedichte und Theaterstücke, da ihr melancholischer, aber friedlicher Ausdruck romantische Reflexionen über Schönheit und Tod hervorrief.

Die weit verbreitete Replikation der Maske und die Geschichte dahinter verstärkten nur ihre Faszination und verbanden ihre Identität mit Themen der Tragödie und des Geheimnisses. Schnell vorwärts in die Mitte des 20. Jahrhunderts, als der norwegische Spielzeughersteller Åsmund Laerdal das Gesicht der modernen medizinischen Ausbildung verändern sollte. Laerdal hatte kürzlich den Übergang von der Herstellung von Kinderspielzeug und Puppen zur Produktion von medizinischen Trainingsgeräten vollzogen. Er wurde angesprochen, um eine Puppe für die CPR-Ausbildung zu entwickeln, eine lebensrettende Technik, die 1960 formalisiert wurde. Aus seiner Erfahrung in der Herstellung von Spielzeug heraus wollte Laerdal eine menschenähnliche Puppe schaffen, um das Training zugänglicher und effektiver zu gestalten.

Für das Gesicht der Puppe wählte Laerdal die Totenmaske von L'Inconnue de la Seine. Er war Berichten zufolge von ihrer rätselhaften Schönheit beeindruckt und fand, dass ihr ruhiger, distanzierter Ausdruck den Auszubildenden während des stressigen Lernprozesses der CPR beruhigen würde. Die 1960 eingeführte CPR-Trainingspuppe, die den Namen "Resusci Anne" erhielt, wurde zu einem Standardwerkzeug für das Training von Millionen medizinischer Fachkräfte und Laien auf der ganzen Welt.

Die Wahl des Gesichts von L'Inconnue für die Puppe verlieh ihr eine unerwartete neue Rolle: als das Gesicht, das Millionen Menschen dabei half, Wiederbelebungstechniken zu erlernen. Heute lebt das Vermächtnis von L'Inconnue de la Seine in jedem Atemzug fort, der während des CPR-Trainings gegeben wird. Ihre Geschichte erinnert uns daran, wie sich Schönheit und Tragik zu einem Symbol der Hoffnung und der lebensrettenden Aktion verbinden können.

Obwohl ihre wahre Identität und die Umstände ihres Todes möglicherweise nie bekannt werden, ist ihr Einfluss tiefgreifend. Sie ist in die Geschichte eingegangen, nicht als verlorene Seele der Seine, sondern als stiller Schutzengel, der eine der wichtigsten Fähigkeiten in der Notfallmedizin überwacht.

Der langsamste Marathonläufer

In den Annalen der Marathon-Geschichte sticht ein Name nicht durch Geschwindigkeit hervor, sondern durch eine unglaubliche Geschichte der Ausdauer: Shizo Kanakuri, der langsamste Marathonläufer der Welt. Kanakuris bemerkenswerte Reise begann vor über einem Jahrhundert, als er aus Japan reiste, um an den Olympischen Spielen 1912 in Stockholm teilzunehmen – dem ersten internationalen Sportereignis, das er je besucht hatte. Bekannt als der "Vater des japanischen Marathons", trat er an, um sein Land zu repräsentieren und seine Träume auf der globalen Bühne zu verwirklichen.

Die Reise nach Stockholm war schon eine Herausforderung für sich. Kanakuri verbrachte 18 Tage im Transsibirischen Express und durchquerte zwei Kontinente, um das Event zu erreichen, eine Strapaze, die ihn bereits vor dem Start des Rennens erschöpfte. Am Renntag stiegen die Temperaturen auf über 32°C (90°F), und der Marathonkurs war mit steilen Hügeln und gefährlichen Pfaden besonders anspruchsvoll. Viele Läufer erlitten Hitzschläge, und mindestens die Hälfte der 69 gestarteten Athleten schaffte es nicht bis ins Ziel. Kanakuri war einer der Läufer, die unter der Hitze litten. Er schaffte es nur bis in den Garten einer schwedischen Familie, wo ihm Essen und Trinken angeboten wurde. Zu erschöpft, um weiterzulaufen, schlief er ein.

Als er aufwachte, war ihm die Rückkehr ins Rennen zu peinlich, und so kehrte er leise mit dem Zug nach Japan zurück, ohne die Rennveranstalter zu informieren. Sein Verschwinden aus dem Marathon blieb den Olympischen Offiziellen über 50 Jahre lang ein Rätsel. Währenddessen lebte Kanakuri in Japan weiter und wurde Lehrer.

Zudem förderte er den Langstreckenlauf in Japan, organisierte Marathons und trainierte eine neue Generation von Athleten, wodurch er die Grundlage für Japans Bedeutung im Langstreckenlauf legte. 1967, als Stockholm das 55-jährige Jubiläum der Olympischen Spiele von 1912 feierte, spürten schwedische Journalisten Kanakuri auf und luden ihn ein, den Marathon zu beenden, den er vor all den Jahren begonnen hatte. Im Alter von 76 Jahren kehrte er nach Stockholm zurück und überquerte die Ziellinie mit einer offiziellen Zeit von 54 Jahren, 8 Monaten, 6 Tagen, 5 Stunden und 32 Minuten. Kanakuris Geschichte ist ein Zeugnis für Durchhaltevermögen angesichts von Widrigkeiten und erinnert uns daran, dass im Sport der wahre Geist nicht nur in der Geschwindigkeit liegt, sondern in der Ausdauer und Hingabe. Sein Vermächtnis inspiriert weiterhin Läufer auf der ganzen Welt, die verstehen, dass es im Marathon des Lebens wichtiger ist, die Ziellinie zu erreichen, als wie lange es dauert, dorthin zu kommen.

Die explodierende Zigarre

Auf dem Höhepunkt des Kalten Krieges waren die Spannungen zwischen den Vereinigten Staaten und Kuba spürbar, geprägt von einer Reihe von Konfrontationen und Spionageaktionen, die oft wie das Drehbuch eines Agentenfilms wirkten. Eine der bizarrsten Episoden in dieser angespannten Beziehung war der angebliche US-Plan, den kubanischen Führer Fidel Castro mit einer explodierenden Zigarre zu ermorden – ein Schema, das so unwahrscheinlich klingt, wie es dramatisch ist. Fidel Castro kam 1959 an die Macht, nachdem er eine erfolgreiche Revolution gegen das korrupte Regime von Fulgencio Batista angeführt hatte.

Fast sofort verschlechterten sich die Beziehungen Kubas zu den USA, nachdem Castro sozialistische Reformen und die Verstaatlichung von Industrien durchsetzte, von denen viele in amerikanischem Besitz waren. Die Situation eskalierte mit der gescheiterten Invasion in der Schweinebucht 1961, bei der die US-Regierung versuchte, Castro zu stürzen, indem sie von der CIA ausgebildete kubanische Exilanten auf der Insel landete. Die Invasion war ein Desaster und führte zu tiefer Verlegenheit für die US-Regierung, die fest entschlossen war, Castro zu beseitigen. Laut freigegebenen Berichten aus den 1990er Jahren plante die CIA mehrere Attentate auf Castro, unter dem Codenamen „Operation Mongoose". Diese Pläne beinhalteten einige ziemlich unorthodoxe Methoden, die direkt aus einem James-Bond-Film stammen könnten.

Einer dieser Pläne war die Idee einer explodierenden Zigarre. Das Vorhaben war, Castro eine Zigarre zu überreichen, die mit genügend Sprengstoff gefüllt war, um ihn beim Anzünden zu töten. Dieser Plan tauchte Berichten zufolge 1960 auf, wurde jedoch nie ausgeführt, obwohl es verschiedene Berichte darüber gibt, wie weit dieser Plan tatsächlich fortgeschritten war. Ein weiterer verwandter Plan beinhaltete die Vergiftung einer Zigarre. Die CIA soll eine Schachtel von Castros Lieblingszigarren mit einem tödlichen Gift, Botulinumtoxin, präpariert haben. Die vergifteten Zigarren wurden 1961 geliefert, aber es gibt keine Hinweise darauf, dass Castro jemals eine davon geraucht hat. Diese Attentatsversuche waren Teil eines umfassenderen, verzweifelten Versuchs, Castros Regime zu destabilisieren, zu dem auch andere Pläne gehörten, die von vergifteten Stiften bis hin zu chemisch verseuchten Taucheranzügen reichten.

Die Geschichte der explodierenden Zigarre ist mittlerweile Teil der populären Überlieferung und wird oft als Beispiel dafür angeführt, wie weit die CIA bereit war zu gehen, um Castro zu eliminieren. Castro behauptete berühmt, er habe während seiner Amtszeit über 600 Attentatsversuche überlebt. Diese Berichte über Attentatsversuche wurden sowohl als lächerlich abgetan als auch als Beweis für die extreme Feindseligkeit während des Kalten Krieges angesehen. Im Rückblick spiegeln die Ideen einer explodierenden Zigarre und anderer bizarrer Mordpläne die Verzweiflung und Paranoia wider, die den Kalten Krieg prägten. Sie dienen als warnendes Beispiel für die Grenzen verdeckter Aktionen und die unvorhersehbaren Folgen solcher Maßnahmen. Das Erbe dieser Pläne trägt zu den komplizierten und oft angespannten Beziehungen zwischen Kuba und den Vereinigten Staaten bei, selbst während beide Nationen allmählich auf einen diplomatischeren Umgang zusteuern.

Inspiriert von einem Apfel

Die Geschichte von Sir Isaac Newton und dem fallenden Apfel ist eine der bekanntesten Anekdoten in der Geschichte der Wissenschaft. Sie symbolisiert den Moment der Inspiration für Newtons Gravitationstheorie. Obwohl diese Erzählung oft als niedlicher Mythos betrachtet wird, hat sie ihre Wurzeln in historischen Berichten und steht für einen tiefgreifenden Moment in der Entwicklung der Physik. Isaac Newton, geboren 1642, war eine Schlüsselfigur der wissenschaftlichen Revolution, einer Epoche, die durch bedeutende Fortschritte im Verständnis der natürlichen Welt geprägt war. Newtons Beiträge erstreckten sich über verschiedene Bereiche der Wissenschaft und Mathematik, doch er ist am bekanntesten für die Formulierung der Bewegungsgesetze und der universellen Gravitation.

Die ikonische Apfelgeschichte stammt aus den späten 1660er Jahren, als Newton sich nach Woolsthorpe Manor, dem Anwesen seiner Familie in Lincolnshire, England, zurückzog. Die Große Pest von 1665-1666 hatte zur Schließung der Universität Cambridge geführt, an der Newton studierte, und zwang ihn, nach Hause zurückzukehren. In diesem Garten beobachtete Newton den Fall eines Apfels von einem Baum. Die populäre Erzählung legt nahe, dass der Anblick des fallenden Apfels Newton plötzlich zur Gravitationstheorie brachte. Die Wahrheit ist jedoch wahrscheinlich nuancierter. Newton selbst behauptete nie, dass der Apfel ihn am Kopf getroffen hätte; vielmehr erzählte er die Apfelgeschichte Bekannten, um zu veranschaulichen, wie alltägliche Beobachtungen zu tiefen theoretischen Einsichten über die Natur führen könnten.

Der direkteste Bericht stammt von William Stukeley, einem Archäologen und einem von Newtons ersten Biografen, der in seinem Manuskript "Memoirs of Sir Isaac Newton's Life" ein Gespräch mit Newton am 15. April 1726 in Kensington festhielt. Stukeley schrieb, dass Newton nach dem Abendessen, als das Gespräch auf die Gravitation kam, erzählte, dass er "durch den Fall eines Apfels in nachdenklicher Stimmung veranlasst" worden sei. Newton fragte sich, warum der Apfel immer senkrecht zur Erde fiel, was ihn zu der Überlegung führte, dass die Erde ihn anziehen müsse.

Aus dieser einfachen Beobachtung entwickelte Newton die Idee, dass die Gravitationskraft der Erde nicht nur den Apfel nach unten zog, sondern auch den Mond auf seiner Bahn um die Erde hielt. Diese Idee war revolutionär. Newton postulierte, dass die Anziehungskraft der Erde, wenn sie bis zur Spitze der höchsten Bäume reichte, vielleicht noch viel weiter reichte; tatsächlich könnte sie bis zur Umlaufbahn des Mondes und darüber hinaus reichen. In den folgenden Jahren entwickelte Newton seine Theorie der universellen Gravitation, die er 1687 in seinem wegweisenden Werk "Philosophiæ Naturalis Principia Mathematica" (Mathematische Prinzipien der Naturphilosophie) veröffentlichte. Darin formulierte er die Bewegungsgesetze und die universelle Gravitation, die die wissenschaftliche Sicht auf das physikalische Universum in den nächsten drei Jahrhunderten dominierte. Die Apfelgeschichte, obwohl vereinfacht, veranschaulicht, wie Newtons Beobachtungen der Welt zu seinen weiterreichenden Überlegungen zu den Kräften der Natur führten.

Die Anekdote vom Apfel ist eine perfekte Parabel für wissenschaftliche Inspiration – sie zeigt, wie ein banales Ereignis zu bedeutenden wissenschaftlichen Fragestellungen führen kann. Im Laufe der Jahrhunderte wurde die Geschichte in verschiedenen Formen neu erzählt und ist Teil der Legendenbildung um einen der einflussreichsten Wissenschaftler der Geschichte geworden. Heute wird die Geschichte von Newtons Apfel als ein Inbegriff wissenschaftlicher Entdeckungen gefeiert, der zeigt, dass selbst die bahnbrechendsten Ideen aus einfachen, alltäglichen Erfahrungen entstehen können. Ob der Apfel nun auf Newtons Kopf fiel oder einfach zu Boden fiel, seine Rolle in der Geschichte der Wissenschaft bleibt ein kraftvolles Zeugnis der Neugier und des Strebens nach Verständnis der natürlichen Welt.

Das tödliche Erbe der Prohibition

Während der Prohibitionszeit in den USA, die von 1920 bis 1933 dauerte, ergriff die Bundesregierung extreme Maßnahmen, um das Verbot von Alkoholproduktion, -verteilung und -konsum durchzusetzen. Eine der umstrittensten Maßnahmen war die gezielte Vergiftung von Industriealkohol, der regelmäßig von Schmugglern gestohlen und in trinkbare Spirituosen umgewandelt wurde. Diese staatliche Maßnahme, die dazu dienen sollte, den illegalen Verkauf und Konsum von Alkohol zu verhindern, führte zu Tausenden von Todesfällen und wurde zu einem dunklen Kapitel in der amerikanischen Gesundheits- und Gesetzgebungsgeschichte. Mit der Verabschiedung des 18. Verfassungszusatzes im Jahr 1920 wurde nicht nur der Verkauf von Alkohol verboten, sondern auch versehentlich ein riesiger Schwarzmarkt für geschmuggelte Spirituosen geschaffen.

In Reaktion auf die weit verbreitete illegale Destillation und den Verkauf von Alkohol konzentrierte sich die US-Regierung auf die Denaturierung von Industriealkohol. Industriealkohol – der in Farben, Lösungsmitteln, Kraftstoffen und medizinischen Produkten verwendet wird – wurde in großen Mengen hergestellt und vor der Prohibition nicht als Konsumziel genutzt. Mit dem Beginn der Prohibition begannen jedoch Schmuggler, diesen Alkohol zu reinigen, um die Zusatzstoffe zu entfernen und ihn trinkbar zu machen – zumindest hofften sie das.

Um dies zu bekämpfen, befahl die Bundesregierung die Zugabe giftiger Chemikalien zu Produkten wie Industriealkohol, einschließlich der Einführung von Methanol, das für Menschen hochgiftig ist. Das Denaturieren von Alkohol sollte ihn untrinkbar machen und so seinen Diebstahl und die anschließende Verbreitung durch Schmuggler verhindern.

Die Schmuggler stellten jedoch Chemiker ein, um den Denaturierungsprozess umzukehren und den Alkohol wieder genießbar zu machen. Dieser chemische Wettlauf eskalierte 1926, als die Regierung unter der Coolidge-Administration beschloss, die Arten und Mengen der Gifte zu erhöhen, darunter Kerosin, Brucin (ein bitteres Pflanzenalkaloid, das eng mit Strychnin verwandt ist), Benzin, Benzol, Kadmium und sogar Jod. Die Folgen waren katastrophal. Bis zur Aufhebung der Prohibition im Jahr 1933 wird geschätzt, dass über 10.000 Menschen an den Folgen des Konsums von vergiftetem Alkohol starben. Diese Zahl übersteigt bei weitem die Anzahl der Menschen, die in den Jahren vor der Prohibition an legal konsumiertem Alkohol starben.

Die Symptome einer Vergiftung variierten je nach verwendeten Substanzen, umfassten jedoch typischerweise Erblindung, Halluzinationen, schwere Magen-Darm-Beschwerden und Tod. Die Entscheidung der Regierung, Alkohol zu vergiften, ist ein bedeutendes Beispiel für die Prohibitionspolitik, die darauf abzielte, moralisches Verhalten durch Gesetzgebung zu erzwingen.

Kritiker des Vergiftungsprogramms, darunter namhafte Ärzte und Gesundheitsbeamte, verurteilten es als grausame Bestrafung. Zeitungen griffen diese Tragödien ebenfalls auf und veröffentlichten scharfe Artikel, die in Frage stellten, ob die Regierung das Recht habe, ihren Bürgern im Bestreben, ein Gesetz durchzusetzen, Schaden zuzufügen. Das Vermächtnis dieser Politik trug zur wachsenden öffentlichen Ernüchterung gegenüber der Prohibition bei.

Es hob die unbeabsichtigten Folgen des Alkoholverbots hervor, wie den Aufstieg des organisierten Verbrechens, die Zunahme von Gewalt, Korruption und die allgemeine Missachtung des Gesetzes sowie die dadurch verursachten Gesundheitskrisen. Die Empörung über die Vergiftungstodesfälle trug dazu bei, den Druck zur Aufhebung der Prohibition zu erhöhen. Im Rückblick bleibt das staatliche Vergiftungsprogramm ein eindringliches Beispiel für eine gut gemeinte Politik, die schwerwiegende unbeabsichtigte Folgen hatte. Es dient als warnendes Beispiel für die Grenzen der Gesetzgebungsbefugnis und die Gefahren, die sich daraus ergeben, wenn versucht wird, menschliches Verhalten durch Verbote zu kontrollieren. Diese Geschichte wird häufig in Diskussionen über Drogenpolitik und Schadensminderung in der modernen Zeit wieder aufgegriffen und zeigt die Bedeutung der Berücksichtigung der potenziellen Auswirkungen jeder öffentlichen Politik auf.

Was machten die Nazis in der Antarktis?

Während des Zweiten Weltkriegs wurde die geopolitische Landschaft durch die expansiven und aggressiven Strategien der großen Mächte geformt. In diesem Zusammenhang bildet die Antarktis-Expedition Nazideutschlands ein weniger bekanntes, aber faszinierendes Kapitel der Kriegszeit. Diese Bemühungen werden durch die Geschichte der deutschen Antarktisexpedition von 1938-1939 verkörpert, die – entgegen einiger späterer Verschwörungstheorien – nicht zur Errichtung einer Militärbasis führte, sondern darauf abzielte, Deutschlands territoriale Ansprüche in der Polarregion auszuweiten. Die Expedition wurde von Kapitän Alfred Ritscher, einer prominenten Figur in der deutschen Marinefliegerei, geleitet, der zuvor an Arktisexpeditionen teilgenommen hatte.

Das Dritte Reich unter Adolf Hitler war bestrebt, neue Gebiete für den Walfang zu sichern, eine Schlüsselindustrie für Deutschland, da Walöl eine wichtige Ressource war, die zur Herstellung von Margarine und als Schmiermittel verwendet wurde. Eine zuverlässige Versorgung wurde als unerlässlich für die Aufrechterhaltung der deutschen Bevölkerung und der Kriegsmaschinerie angesehen. Im Dezember 1938 brach die deutsche Expedition an Bord der "Schwabenland" auf, einem Schiff, das mit zwei Wasserflugzeugen namens Boreas und Passat ausgestattet war. Die Hauptmission der Expedition bestand darin, Teile der Antarktis zu erkunden, die noch nicht von anderen Nationen beansprucht waren, unter dem Deckmantel des Walfangs und geologischer Forschung.

Dies war Teil der breiteren Nazi-Politik des „Lebensraums“, die darauf abzielte, Territorien zu erweitern, um Ressourcen für die wachsende deutsche Bevölkerung und die Industrie zu sichern. Bei ihrer Ankunft in der Antarktis führten die Wasserflugzeuge Luftaufklärungsflüge durch und fotografierten etwa 350.000 Quadratkilometer des damals weitgehend unerforschten Gebiets. Diese Fotos wurden zur Kartierung der Region verwendet und verstärkten Deutschlands territoriale Ansprüche. Das neu beanspruchte Territorium wurde prompt "Neuschwabenland" genannt, nach dem Schiff der Expedition. Interessanterweise deponierte die Expedition an verschiedenen Orten Kanister mit Hakenkreuzen und Flaggen des Dritten Reiches, um symbolisch und formell ihre Ansprüche zu markieren.

Diese waren jedoch größtenteils symbolisch, da keine permanente Präsenz oder Basis errichtet wurde, um diese Ansprüche durchzusetzen. Das raue Klima, logistische Herausforderungen und der Ausbruch des Zweiten Weltkriegs lenkten die Aufmerksamkeit des Reiches auf dringlichere strategische Anliegen, was jede weitere Entwicklung von Neuschwabenland verhinderte. Nach dem Krieg wurde das von Deutschland beanspruchte Territorium in der Antarktis weitgehend ignoriert, und der internationale Fokus verlagerte sich auf eine kooperative Herangehensweise an die Polarforschung. Dies gipfelte im Antarktis-Vertrag von 1959, der die Antarktis als wissenschaftliches Schutzgebiet festlegte, militärische Aktivitäten auf dem Kontinent verbot und alle territorialen Ansprüche aussetzte. Die deutsche Antarktisexpedition von 1938-1939 bleibt ein merkwürdiges Unterfangen, das von den ehrgeizigen geopolitischen Strategien des Nazi-Regimes motiviert war. Sie dient auch als Erinnerung an das komplexe Zusammenspiel von Wissenschaft und Politik in dieser Ära.

Kühe können beste Freunde haben

Kühe, die oft als einfache Weidetiere angesehen werden, besitzen tatsächlich ein komplexes emotionales Leben und zeigen Verhaltensweisen, die viele überraschen könnten. Zu ihren faszinierendsten Eigenschaften gehört die Fähigkeit, enge Bindungen zueinander zu knüpfen, die man als Freundschaften bezeichnen könnte. Diese Fähigkeit zur sozialen Verbundenheit ist nicht nur ein faszinierender Aspekt ihres Verhaltens, sondern hat auch wichtige Auswirkungen auf das Management und das Wohlergehen von Kühen. Forschungen zu den Sozialstrukturen von Kühen gewannen an Bedeutung, als Wissenschaftler für Tierwohl begannen, das emotionale und soziale Bewusstsein von Nutztieren besser zu verstehen.

Es wurde entdeckt, dass Kühe hochsoziale Wesen sind, die, ähnlich wie Menschen und andere Säugetiere, in stabilen sozialen Gruppen gedeihen und Vorlieben für bestimmte Individuen in ihrer Herde entwickeln. Diese Vorlieben kann man durchaus mit menschlichen Freundschaften vergleichen. Studien an Milchkühen haben gezeigt, dass Kühe klare Präferenzen für andere Kühe ihrer Herde haben. In einer solchen Studie wurden Kühe auf Anzeichen von Stress, Entspannung und ihr Verhalten untersucht, wenn sie mit bevorzugten Partnern (Freunden) im Vergleich zu nicht bevorzugten Partnern zusammen waren. Die Ergebnisse waren aufschlussreich: Kühe zeigten geringere Stresswerte und waren insgesamt glücklicher, wenn sie mit einem bevorzugten Gefährten zusammen waren. Sie nahmen häufiger an positiven sozialen Interaktionen teil, wie z. B. gegenseitigem Lecken, insbesondere im Bereich des Kopfes und des Halses.

Diese Putzaktionen helfen nicht nur, die Tiere sauber zu halten, sondern verstärken auch soziale Bindungen und schaffen eine angenehme Gruppendynamik. Darüber hinaus hatten Kühe, die mit ihren bevorzugten Partnern zusammen waren, einen niedrigeren Herzschlag und einen höheren Oxytocinspiegel – das Hormon, das mit Bindung und positiven Emotionen in Verbindung gebracht wird. Diese physiologische Reaktion ähnelt dem, was bei Menschen beobachtet wird, wenn sie mit engen Freunden interagieren, was darauf hindeutet, dass die emotionalen Erfahrungen von Kühen in ihren sozialen Beziehungen tiefer sind, als man bisher angenommen hatte. Das Konzept der "besten Freunde" bei Kühen ist nicht nur eine akademische Kuriosität.

Es hat praktische Auswirkungen auf das Management von Milchviehbetrieben und das Tierwohl. Zu verstehen, dass Kühe bestimmte Beziehungen wertschätzen und dass diese Beziehungen ihre Stresslevels und ihre allgemeine Gesundheit beeinflussen, kann zu besseren Managementpraktiken führen, die die Gruppendynamik stabil halten und soziale Bindungen respektieren. Das Zusammenhalten von befreundeten Kühen kann Stress reduzieren, die allgemeine Gesundheit verbessern und möglicherweise sogar die Milchproduktion steigern. Dieses Wissen fördert Praktiken, die nicht nur humaner sind, sondern auch wirtschaftliche Vorteile bringen können. In einem größeren Kontext fordert die Erkenntnis über die sozialen Bindungen von Kühen viele vorgefasste Meinungen über Nutztiere heraus.

Sie ermutigt uns, Kühe als fühlende Wesen zu betrachten, die emotionale Bedürfnisse haben, ähnlich wie Haustiere wie Hunde und Katzen. Diese Perspektive kann sowohl politische Entscheidungen als auch persönliche Einstellungen zum Tierschutz beeinflussen und zu einem stärkeren Einsatz für humane Praktiken in der Landwirtschaft führen. Zusammengefasst zeigt die Tatsache, dass Kühe beste Freunde haben können, eine faszinierende und komplexe Seite ihres Verhaltens. Sie unterstreicht die Bedeutung ihrer emotionalen und sozialen Bedürfnisse und fordert uns auf, das Leben von Tieren, die oft als selbstverständlich angesehen werden, neu zu betrachten.

Die Legende von Unsinkable Sam

Die bemerkenswerte Geschichte von Unsinkable Sam, auch bekannt als Oscar, verkörpert die Widerstandsfähigkeit und das Mysterium, das Katzen durch die Geschichte begleitet, insbesondere in Kriegszeiten. Diese schwarz-weiß gefleckte Katze überlebte angeblich den Untergang von drei verschiedenen Schiffen während des Zweiten Weltkriegs, was ihr den Spitznamen „Unsinkable Sam" und einen Platz in der Marinefolklore einbrachte. Sams Geschichte begann an Bord des deutschen Schlachtschiffs Bismarck, eines der größten und mächtigsten Schiffe seiner Zeit. Die Bismarck nahm im Mai 1941 an der Schlacht in der Dänemarkstraße teil, bei der sie die HMS Hood versenkte.

Kurz nach diesem Sieg wurde die Bismarck selbst von der britischen Royal Navy ins Visier genommen und am 27. Mai 1941 versenkt. Von den über 2.200 Mann Besatzung überlebten nur 115. Unter den Überlebenden, die auf Trümmern im offenen Meer trieben, befand sich eine schwarz-weiß gefleckte Katze, die von der Besatzung des britischen Zerstörers HMS Cossack gerettet wurde. Die deutsche Besatzung der Bismarck nannte die Katze Oscar, aber ihre neuen britischen Gefährten tauften sie „Unsinkable Sam". Sam diente in den folgenden Monaten an Bord der HMS Cossack, während das Schiff an mehreren Geleitzügen im Mittelmeer und im Nordatlantik teilnahm. Tragischerweise war auch die HMS Cossack dem Untergang geweiht. Sie wurde im Oktober 1941 von einem deutschen U-Boot nahe Gibraltar torpediert.

Trotz schwerer Schäden und dem Verlust von 159 Besatzungsmitgliedern überlebte Sam erneut, indem er sich an ein Stück schwimmendes Wrack klammerte, bis er von einem weiteren britischen Schiff gerettet wurde. Doch Sams Reise war damit noch nicht zu Ende. Er wurde auf den Flugzeugträger HMS Ark Royal transferiert, ironischerweise jenes Schiff, das zur Zerstörung der Bismarck beigetragen hatte. Doch auch die Ark Royal wurde von einem deutschen U-Boot torpediert, im November 1941. Wie bei seinen vorherigen Erlebnissen überlebte Sam den Untergang und wurde erneut aus dem Wasser gerettet. Nach diesen drei erschütternden Erlebnissen wurde beschlossen, Sam von seinem Seefahrerleben zu entbinden. Er wurde in das Heim für Seeleute, ein Seemanns-Ruhestandshaus in Belfast, Nordirland, geschickt, wo er den Rest seines Lebens verbrachte. Laut Berichten wurde er dort liebevoll von den Angestellten und ehemaligen Seeleuten gepflegt.

Die Echtheit der Geschichte von Unsinkable Sam ist unter Historikern umstritten. Obwohl es keine offiziellen Marineaufzeichnungen über seine Existenz oder seinen Dienst gibt, wurde seine Geschichte durch zahlreiche Berichte und Illustrationen, insbesondere von der Künstlerin Georgina Shaw-Baker, populär gemacht, und er ist zu einer geliebten Figur in der maritimen Folklore geworden. Unabhängig von der faktischen Genauigkeit seiner Geschichte dient Unsinkable Sam als Symbol der Hoffnung, der Widerstandskraft und des Überlebens gegen alle Widrigkeiten. Seine Geschichte berührt besonders diejenigen, die mit Schwierigkeiten konfrontiert sind und Überlebens- und Mutgeschichten als Quelle der Inspiration betrachten.

Der Tod eines Riesen

André the Giant, geboren als André René Roussimoff, war eine Figur, die größer als das Leben selbst war – nicht nur in physischer Größe, sondern auch in dem kulturellen Einfluss, den er während und nach seiner Lebenszeit ausübte. Mit einer Größe von über zwei Metern und einem Gewicht von bis zu 236 Kilogramm war Andrés enorme Größe auf Gigantismus zurückzuführen, der durch ein Übermaß an Wachstumshormonen verursacht wurde, ein Zustand, der sich später zu Akromegalie entwickelte. Seine legendäre Stellung in der Welt des professionellen Wrestlings und seine Rollen in populären Filmen wie "Die Braut des Prinzen" machten ihn zu einem internationalen Star.

Doch Andrés außergewöhnliche Größe brachte einzigartige Herausforderungen mit sich – sowohl im Leben als auch im Umgang mit seinen Angelegenheiten nach seinem Tod. André the Giant verstarb am 27. Januar 1993 in einem Pariser Hotelzimmer an Herzinsuffizienz. Zum Zeitpunkt seines Todes war André in Frankreich, um an der Beerdigung seines Vaters teilzunehmen. Was folgte, war ein bewegender und komplizierter Prozess, um Andrés letzte Wünsche zu erfüllen. Er hatte den Wunsch geäußert, eingeäschert zu werden, doch aufgrund seiner enormen Größe war es schwierig, in Frankreich ein Krematorium zu finden, das seinen Körper aufnehmen konnte. Seine Familie und der Nachlass standen vor der Herausforderung, eine Einrichtung zu finden, die die Einäscherung nach seinen Wünschen durchführen konnte, was sich letztlich als unmöglich innerhalb des Landes erwies.

Angesichts dieser Umstände wurde beschlossen, Andrés Körper in die Vereinigten Staaten zu überführen, wo geeignete Einrichtungen zur Verfügung standen. Diese Entscheidung unterstrich die einzigartigen logistischen Herausforderungen, die durch seine außergewöhnliche physische Statur selbst im Tod entstanden. Andrés Leichnam wurde in die USA transportiert, wo ein Krematorium mit der Kapazität für seine große Statur gefunden wurde. Die Logistik dieser Operation war komplex und erforderte sorgfältige Planung und Koordination zwischen verschiedenen Parteien, darunter Bestattungsdienste und internationale Transportunternehmen. Nach der Einäscherung wogen Andrés Asche etwa 8 Kilogramm, was seine große Statur widerspiegelte.

Getreu seiner Natur und Liebe zu den einfachen Dingen des Lebens wollte André, dass seine Asche auf seiner Ranch in Ellerbe, North Carolina, verstreut wird, einem Ort, den er als Heimat ansah und an dem er fernab des Showbusiness und der körperlichen Schmerzen, die oft mit seinem Zustand einhergingen, Frieden fand. André the Giants Bestattungsarrangements zeigten nicht nur die physischen Herausforderungen im Umgang mit einem Menschen seiner Größe, sondern auch die Tiefe seines Charakters. Trotz seiner imposanten Gestalt und seines Ruhms war André für seine sanfte Art, seinen großzügigen Geist und die echten Verbindungen zu Menschen aus allen Lebensbereichen bekannt. Sein Wunsch, seine Asche auf seiner Ranch verstreuen zu lassen, fasst seinen Wunsch zusammen, an einem Ort der Ruhe und des Glücks zur Erde zurückzukehren. Die Geschichte von Andrés letzter Reise zurück in die USA zur Einäscherung und der Verstreuung seiner Asche auf seiner geliebten Ranch fügt seiner Legende ein bewegendes Kapitel hinzu.

Der Teenager, der seine Mutter verklagte

In einem ungewöhnlichen Rechtsstreit, der die Öffentlichkeit fesselte, verklagte ein Teenager in Spanien seine Mutter, nachdem sie ihm sein Mobiltelefon weggenommen hatte, um ihn zu motivieren, sich auf seine schulischen Leistungen zu konzentrieren. Der Fall endete damit, dass ein Richter zugunsten der Mutter entschied und damit die Komplexität elterlicher Rechte und Pflichten im digitalen Zeitalter unterstrich. Der Vorfall begann, als die Mutter, besorgt über die schulischen Leistungen ihres Sohnes und die Zeit, die er mit seinem Handy verbrachte, beschloss, das Gerät als erzieherische Maßnahme zu konfiszieren.

Ihr Ziel war es, ihren Sohn dazu zu bringen, sich mehr auf seine Hausaufgaben und bevorstehende Prüfungen zu konzentrieren, eine Sorge, die viele Eltern weltweit teilen, da digitale Ablenkungen bei Jugendlichen immer häufiger vorkommen. Der Teenager fühlte sich durch diese Strafe unfair behandelt und beschuldigte seine Mutter der „Nötigung", woraufhin er den Fall vor Gericht brachte. Er argumentierte, dass die Maßnahme seiner Mutter, ihm das Handy wegzunehmen, überzogen sei und seine persönlichen Rechte verletze. Der Fall wurde schnell zum nationalen Gesprächsthema, wobei die Meinungen darüber, ob das Handeln der Mutter angemessen oder der Teenager im Unrecht sei, auseinander gingen. Die juristischen Verhandlungen konzentrierten sich auf das Gleichgewicht zwischen elterlicher Autorität und den Rechten von Kindern.

Das Gericht musste entscheiden, ob die Entscheidung der Mutter, das Handy zu konfiszieren, eine angemessene erzieherische Maßnahme oder ein Eingriff in die persönlichen Freiheiten des Teenagers war. Letztendlich entschied der Richter zugunsten der Mutter und erklärte, dass ihre Handlungen im Rahmen einer verantwortungsvollen Erziehung lagen. Der Richter betonte, dass das elterliche Recht in Erziehungsfragen, insbesondere in Bezug auf Bildung und Disziplin, von entscheidender Bedeutung sei und rechtlich unterstützt werde. Die Mutter hatte legitime Bedenken hinsichtlich der schulischen Pflichten ihres Sohnes, und ihre Entscheidung, das Handy zu konfiszieren, war eine angemessene Maßnahme, um seine Lerngewohnheiten zu korrigieren.

Das Gerichtsurteil unterstrich mehrere wichtige Punkte, die für die moderne Erziehung und die rechtlichen Standards zur Kindererziehung von Bedeutung sind. Es stellte klar, dass Eltern nicht nur das Recht, sondern auch die Pflicht haben, die notwendigen Schritte zu unternehmen, um das Wohl und die ordnungsgemäße Entwicklung ihrer Kinder sicherzustellen. Dies schließt auch die Festlegung angemessener Grenzen für die Nutzung digitaler Geräte ein, die nachweislich die Konzentration beeinträchtigen und bei übermäßigem Gebrauch die schulischen Leistungen negativ beeinflussen können. Dieser Fall dient als Präzedenzfall in Spanien in Bezug auf die Grenzen und den Umfang elterlicher Kontrolle über die Nutzung elektronischer Geräte durch Kinder. Er eröffnet auch eine breitere Diskussion über die Herausforderungen, denen moderne Eltern bei der Regulierung des digitalen Engagements ihrer Kinder gegenüberstehen, und welche Maßnahmen sie ergreifen können, um ihren Kindern zu helfen, das Gleichgewicht zwischen Technologie und Bildungsaufgaben zu finden.

Das MK-ULTRA-Programm: Der Versuch, den Verstand zu kontrollieren

Das MK-ULTRA-Programm ist eines der beunruhigendsten und umstrittensten Kapitel in der Geschichte der Operationen der Vereinigten Staaten. In den frühen 1950er Jahren vom Geheimdienst CIA ins Leben gerufen, war MK-ULTRA ein streng geheimes Projekt, das darauf abzielte, wirksame Methoden zur Gedankenkontrolle zu finden, die gegen Feinde während des Kalten Krieges eingesetzt werden könnten. Man glaubte, dass sowjetische, chinesische und nordkoreanische Agenten Gedankenkontroll-techniken bei US-Kriegsgefangenen während des Koreakrieges anwendeten.

Um eine Gegenmaßnahme zu entwickeln, wollte die CIA ihre eigenen Techniken erforschen, die den Vereinigten Staaten einen Vorteil in der nachrichtendienstlichen Kriegsführung verschaffen sollten. Das 1953 vom damaligen CIA-Direktor Allen Dulles offiziell genehmigte MK-ULTRA-Programm umfasste eine Vielzahl von Experimenten, von denen viele ethische und rechtliche Grenzen überschritten. Die Aktivitäten des Programms waren streng geheim und wurden unter dem Deckmantel wissenschaftlicher Forschung durchgeführt. Die Experimente konzentrierten sich weitgehend auf Verhaltensmodifikation und die Manipulation des menschlichen Geistes. In über 150 Experimenten wurden sowohl bewusste als auch unbewusste Testpersonen eingesetzt.

Die CIA finanzierte zahlreiche Studien an Universitäten, Krankenhäusern und Forschungseinrichtungen in den USA und Kanada, oft ohne das Wissen der oberen Verwaltung dieser Institutionen. Einer der berüchtigtsten Aspekte von MK-ULTRA war die frühe Erforschung von LSD durch die CIA. Das Medikament wurde mentalen Patienten, Gefangenen, Drogenabhängigen und Prostituierten verabreicht – "Menschen, die sich nicht wehren konnten", wie ein CIA-Beamter es ausdrückte. In einem besonders makaberen Fall richtete die CIA ein Bordell in einem ihrer Schutzräume ein und verabreichte den Freiern ohne deren Wissen LSD.

Die CIA filmte diese Begegnungen im Rahmen einer Operation namens „Operation Midnight Climax". Der tragischste Vorfall im Zusammenhang mit diesen Experimenten war der Tod von Dr. Frank Olson, einem Wissenschaftler, der für die Armee arbeitete und 1953 nach einer geheimen Dosis LSD durch seinen Vorgesetzten bei der CIA starb. Neun Tage nach der Verabreichung des Medikaments stürzte Olson aus dem Fenster eines Hotels in New York, was die CIA später als Selbstmord bezeichnete. Seine Familie hingegen ist überzeugt, dass es sich um ein Verbrechen handelte, das mit Olsons wachsender Unzufriedenheit mit seiner Arbeit zusammenhing. Die Öffentlichkeit erfuhr erst 1975 von MK-ULTRA, als Untersuchungen des Church-Ausschusses und der Rockefeller-Kommission illegale Aktivitäten der CIA und anderer Geheimdienste ans Licht brachten.

Als die Existenz von MK-ULTRA bekannt wurde, sorgte dies für weitreichende Empörung, was dazu führte, dass die Regierung versicherte, dass solche Experimente in Zukunft nicht mehr durchgeführt würden. Trotz Versuchen, den vollen Umfang der Aktivitäten von MK-ULTRA zu enthüllen, bleiben viele Details verborgen. 1973, als Bedenken über die Weitergabe von Informationen aufkamen, befahl der damalige CIA-Direktor Richard Helms die Zerstörung aller MK-ULTRA-Akten.

Daher wird das volle Ausmaß des Programms und die Zahl der betroffenen Menschen möglicherweise nie vollständig bekannt sein. Das Erbe von MK-ULTRA ist eine eindringliche Erinnerung an eine Zeit in der amerikanischen Geschichte, in der das Streben nach Macht zu einem signifikanten Bruch ethischer Standards führte. Es dient als warnendes Beispiel für die potenziellen Gefahren ungezügelter staatlicher Autorität, insbesondere in Bereichen der nationalen Sicherheit und Geheimdienstarbeit. MK-ULTRA wird häufig in Diskussionen über Transparenz der Regierung und ethische Grenzen der staatlichen Macht zitiert und unterstreicht die Notwendigkeit einer strengen Überwachung von Geheimdienstaktivitäten.

Die einzige Frau, die eine Medal of Honor erhielt

Mary Edwards Walker hebt sich in der amerikanischen Geschichte als die einzige Frau hervor, die je die Medal of Honor, die höchste militärische Auszeichnung der Vereinigten Staaten, erhielt. Geboren am 26. November 1832 in Oswego, New York, war Walker eine bahnbrechende Ärztin, Feministin und Abolitionistin, deren Dienste während des Bürgerkriegs ihr diese prestigeträchtige Auszeichnung einbrachten, obwohl ihr die Medaille später auf kontroverse Weise entzogen und posthum wieder verliehen wurde. Walker war ihrer Zeit in ihrem beruflichen Bereich und in ihrem Einsatz für Frauenrechte weit voraus. Sie schloss 1855 ihr Medizinstudium am Syracuse Medical College ab und wurde eine der ersten Frauen des Landes, die offiziell als Ärztin praktizierte.

Als überzeugte Verfechterin der Kleiderreform für Frauen trug sie oft Hosen unter einem knielangen Kleid, was damals als äußerst radikal galt und ihr mehrmals Verhaftungen wegen des Tragens von Männerkleidung einbrachte. Als der Bürgerkrieg ausbrach, meldete sich Walker freiwillig für die Unionsarmee. Zunächst diente sie als Krankenschwester, da die Armee sie nicht als Chirurgin anerkennen wollte. Unbeirrt arbeitete Walker unermüdlich im provisorischen Krankenhaus im US-Patentamt in Washington, D.C., und auf verschiedenen Schlachtfeldern. Aufgrund ihres Durchhaltevermögens und des dringenden Bedarfs an medizinischem Personal wurde sie schließlich als Vertragshilfsärztin eingestellt, womit sie die erste Chirurgin im Dienst der US-Armee wurde.

Walkers Dienst beschränkte sich nicht nur auf medizinische Pflichten. Sie setzte sich lautstark für die humane Behandlung von Gefangenen ein und unterstützte die Union in verschiedenen Funktionen, darunter als Spionin. Ihre Aktivitäten führten schließlich 1864 zu ihrer Gefangennahme durch die Konföderierten, die sie der Spionage beschuldigten, zum Teil wegen ihrer unkonventionellen Kleidung. Sie wurde für vier Monate inhaftiert und schließlich im Rahmen eines Gefangenenaustauschs freigelassen. Für ihre Anstrengungen und Opfer verlieh ihr Präsident Andrew Johnson 1865 persönlich die Medal of Honor. Die Auszeichnung lobte ihren patriotischen Einsatz für die kranken und verwundeten Soldaten, sowohl im Feld als auch in Krankenhäusern, trotz der Beeinträchtigung ihrer eigenen Gesundheit, da sie sich während ihres Dienstes chronische Bronchitis zugezogen hatte.

1917 wurde Walkers Medal of Honor zusammen mit der von 910 anderen Personen widerrufen, als der Kongress die Kriterien für die Verleihung der Auszeichnung änderte, um sie auf diejenigen zu beschränken, die "tatsächlich im Kampf mit einem Feind" standen. Trotz dieses Widerrufs weigerte sich Walker, die Medaille zurückzugeben, und trug sie bis zu ihrem Tod im Jahr 1919. 1977 stellte Präsident Jimmy Carter ihre Medaille offiziell wieder her, in Anerkennung ihres unermüdlichen Dienstes und ihrer einzigartigen Rolle im Bürgerkrieg. Mary Edwards Walkers Vermächtnis ist geprägt von ihrem unerschütterlichen Geist, ihren wegweisenden Beiträgen zur Medizin und ihrem unermüdlichen Einsatz für die Rechte der Frauen.

Der Mann, der der Sklaverei entkam und Kongressabgeordneter wurde

Robert Smalls' Leben ist eine bemerkenswerte Geschichte von Mut, Intelligenz und Entschlossenheit im Angesicht der Unterdrückung während der Sklaverei und des amerikanischen Bürgerkriegs. Geboren am 5. April 1839 in Beaufort, South Carolina, schaffte Smalls es, unglaubliche Erfolge zu erzielen, darunter eine waghalsige Flucht in die Freiheit, eine erfolgreiche politische Karriere und seine Rolle als dauerhaftes Symbol für afroamerikanische Widerstandsfähigkeit und Heldentum. In seiner Jugend arbeitete Smalls in einem Hotel und später in den Docks von Charleston. Seine Erfahrung und Fähigkeiten wuchsen, bis er schließlich als Steuermann tätig war – offiziell zwar nicht als Lotse anerkannt, aber er navigierte effektiv Schiffe.

Sein tiefes Wissen über Schiffe und Wasserwege, gepaart mit seinem scharfen Bewusstsein für die brutalen Realitäten der Sklaverei, legten den Grundstein für eine der kühnsten Fluchten in der amerikanischen Geschichte. In der Nacht des 13. Mai 1862, während des Bürgerkriegs, führte Smalls einen lange geplanten Plan aus. Er und eine Gruppe von Sklaven nutzten die Gelegenheit, das konföderierte Transportschiff CSS Planter zu kapern, während die drei weißen Offiziere an Land übernachteten. Da Smalls das Schiff und seine Abläufe gut kannte, navigierte er die Planter aus dem Hafen von Charleston. Verkleidet in der Uniform des Kapitäns und geschickt dessen Manieren imitierend, segelte Smalls mit seiner Crew an fünf konföderierten Hafenfestungen vorbei und gab an jedem Kontrollpunkt die richtigen Signale.

Bei Tagesanbruch erreichten sie die Blockade der Unionstruppen, wo Smalls eine weiße Flagge der Kapitulation hisste. Das Schiff und seine Passagiere wurden von den Unionstruppen aufgenommen, wodurch Smalls sofort zu einem Helden im Norden wurde. Smalls Flucht leistete einen direkten Beitrag zum Kriegserfolg der Union. Er lieferte wertvolle Informationen über die Verteidigungsanlagen von Charleston und die Planter selbst war ein bedeutender Gewinn für die Unionstruppen. Sein mutiger und geschickter Akt war ein wichtiger Propagandasieg für die Union, der die konföderierte Erzählung von der Zufriedenheit der afroamerikanischen Sklaven und ihrer Unfähigkeit, eigenständig zu handeln, in Frage stellte. Nach dem Krieg setzte sich Smalls weiterhin für die Rechte der Afroamerikaner ein.

Er nutzte seinen Status als Kriegsheld, um in die Politik zu gehen und diente im Staatsparlament und Senat von South Carolina, wo er sich auf die Förderung von Gesetzen zur Verbesserung der Bürgerrechte und der Bildung für Schwarze konzentrierte. Er diente fünf Amtszeiten im US-Repräsentantenhaus und vertrat South Carolina. Zu seinen politischen Erfolgen gehörten die Schaffung des ersten öffentlichen Schulsystems in South Carolina und die Förderung von Gesetzen, die zur Einrichtung der Marinebasis auf Parris Island führten. Smalls politische Karriere war geprägt von seinem unermüdlichen Einsatz für Gerechtigkeit und Gleichheit, oft im Angesicht intensiven Widerstands. Seine Beiträge gingen über die Politik hinaus; er wurde auch ein erfolgreicher Geschäftsmann und Verleger und war eine zentrale Figur beim Wiederaufbau des Südens. Robert Smalls Vermächtnis ist ein beeindruckendes Zeugnis dafür, welchen Einfluss eine Einzelperson auf den Verlauf der Geschichte haben kann.

Sein Lebensweg von der Sklaverei bis in den Kongress verkörpert die Möglichkeiten des amerikanischen Traums und hebt die entscheidende Rolle hervor, die Afroamerikaner bei der Gestaltung ihres Schicksals und der Zukunft der Nation gespielt haben. Seine Geschichte inspiriert weiterhin und dient als kraftvolles Beispiel dafür, wie Mut und Entschlossenheit die schwersten Ungerechtigkeiten überwinden können.

Der Wissenschaftler, der lebenslangen Hausarrest bekam

Die Verurteilung von Galileo Galilei durch die katholische Kirche ist eines der am besten dokumentierten und bedeutendsten Aufeinandertreffen zwischen Wissenschaft und religiöser Doktrin in der Geschichte. Diese Episode verdeutlicht die komplexe Beziehung zwischen aufstrebenden wissenschaftlichen Entdeckungen und fest etablierten religiösen Überzeugungen im frühen 17. Jahrhundert. Galileos Befürwortung des Heliozentrismus, des Modells, das die Sonne als Mittelpunkt des Universums und die Erde und andere Planeten als um sie kreisend betrachtet, brachte ihn in direkten Konflikt mit der katholischen Kirche und hatte tiefgreifende Auswirkungen auf die Beziehung zwischen Wissenschaft und Religion. Galileo wurde 1564 in Pisa, Italien, geboren und entwickelte sich zu einem der brillantesten Astronomen seiner Zeit.

Zu seinen Errungenschaften zählen die Verbesserung des Teleskops, astronomische Beobachtungen, die das geozentrische Modell (das die Erde als Mittelpunkt des Universums sah) infrage stellten, und seine Unterstützung der kopernikanischen Theorie des Heliozentrismus. Letzteres war besonders umstritten, da es im Widerspruch zur buchstäblichen Auslegung der Heiligen Schrift durch die katholische Kirche stand, die lehrte, dass die Erde sowohl theologisch als auch wissenschaftlich im Zentrum des Universums stand.

Die Schwierigkeiten begannen für Galileo 1610, nachdem er „Sidereus Nuncius" („Der Sternenbote") veröffentlichte, ein Werk, das seine Beobachtungen der Jupitermonde, der Phasen der Venus und anderer Himmelsphänomene beschrieb, die mit dem geozentrischen Modell nicht erklärbar waren. Diese Entdeckungen lieferten starke Beweise zugunsten der heliozentrischen Theorie, die zuerst von Nikolaus Kopernikus im Jahr 1543 vorgeschlagen worden war. Galileos Erkenntnisse lösten sofortige Kontroversen aus, da sie die aristotelische Vorstellung eines unveränderlichen Himmels infrage stellten, die von der Kirche weithin akzeptiert wurde. Im Jahr 1616 erklärte die Kirche offiziell, dass der Heliozentrismus „philosophisch töricht und absurd" sei und in vielen Passagen „formell ketzerisch, da er dem Heiligen Skript widerspricht." Galileo wurde gewarnt, seine Unterstützung für diese Theorie aufzugeben. 1623, mit der Wahl von Papst Urban VIII., glaubte Galileo jedoch fälschlicherweise, dass dieser dem Heliozentrismus gegenüber aufgeschlossener sei.

Galileos Entscheidung, 1632 das Werk „Dialog über die zwei wichtigsten Weltsysteme" zu veröffentlichen, in dem er das kopernikanische System unterstützte, führte dazu, dass er 1633 vor die römische Inquisition zitiert wurde. Während des Prozesses wurde er der „heftigen Ketzerei verdächtigt" und gezwungen, seine Ansichten unter Androhung der Folter zu widerrufen. Er wurde für den Rest seines Lebens unter Hausarrest gestellt. Die Verurteilung Galileos hatte eine abschreckende Wirkung auf die wissenschaftliche Forschung in katholischen Ländern, hemmte den Fortschritt und verschob das Zentrum der wissenschaftlichen Entwicklung nach Nordwesteuropa, wo weniger strenge religiöse Doktrinen herrschten.

Der Konflikt zwischen der Kirche und Galileo blieb ein Symbol für die Spannungen zwischen Wissenschaft und Religion. Erst 1992, mehr als 350 Jahre später, erkannte die katholische Kirche ihren Fehler in der Verurteilung Galileos an.

Papst Johannes Paul II. drückte sein Bedauern über den Umgang mit dem „Galileo-Galilei-Fall" aus, als Teil eines breiteren Versöhnungsprozesses zwischen Kirche und Wissenschaft. Der „Fall Galileo" erinnert daran, welche Gefahren entstehen, wenn religiöse Dogmen die wissenschaftliche Forschung behindern. Er zeigt die Notwendigkeit eines offenen Dialogs zwischen Wissenschaft und Religion, in dem beide Felder nebeneinander existieren können, ohne miteinander um die Wahrheit zu konkurrieren.

Warum du Angst vor Gottesanbeterinnen haben solltest

Die Vorstellung, dass weibliche Gottesanbeterinnen nach der Paarung ihre männlichen Partner verschlingen, ist weithin bekannt und fasziniert seit langem sowohl Forscher als auch Laien. Obwohl es nicht immer der Fall ist, dass das Männchen gefressen wird, ist das Phänomen häufig genug, um das Leben einer männlichen Gottesanbeterin gefährlich zu gestalten. Es verdeutlicht, warum man es sich zweimal überlegen sollte, in einem nächsten Leben als männliche Gottesanbeterin zurückzukehren. Die Gottesanbeterin gehört zur Ordnung Mantodea und ist bekannt für ihren dreieckigen Kopf, ihre großen, hervorstehenden Augen und die extrem beweglichen Hälse, die es ihr ermöglichen, ihren Kopf um 180 Grad zu drehen.

Ihre langen Körper und kräftigen Vorderbeine, die mit scharfen Stacheln ausgestattet sind, machen sie zu exzellenten Raubtieren, die in der Lage sind, eine Vielzahl von Insekten und sogar gelegentlich kleine Wirbeltiere zu fangen. Der sexuelle Kannibalismus bei den Gottesanbeterinnen, bei dem das Weibchen das Männchen vor, während oder nach der Paarung frisst, ist ein Verhalten, das Wissenschaftler seit Jahrzehnten fasziniert und zu zahlreichen Studien geführt hat, die versuchen, den evolutionären Vorteil dieser brutalen Paarungsrituale zu erklären.

Eine weit verbreitete Theorie besagt, dass dieser Kannibalismus dem Weibchen einen Nährstoffvorteil bietet, der ihr Überleben und ihre Fortpflanzungschancen erhöht. Männliche Gottesanbeterinnen sind reich an Proteinen und Nährstoffen, die das Weibchen für die Entwicklung ihrer Eier benötigt. Durch das Verschlingen des Männchens könnte das Weibchen in der Lage sein, mehr und gesündere Eier zu produzieren, was ihren Fortpflanzungserfolg steigert.

Eine andere Hypothese besagt, dass der Kannibalismus eine Form der postkopulatorischen sexuellen Selektion sein könnte. Das Weibchen frisst möglicherweise Männchen, die weniger fit erscheinen, und fördert so potenziell die besten genetischen Eigenschaften für ihre Nachkommen. In einigen Fällen könnte das Gefressenwerden sogar den Spermientransfer stimulieren und so den Fortpflanzungserfolg sichern – wenn auch auf Kosten des Männchens. Interessanterweise entkommen nicht alle Männchen ihrem grausamen Schicksal. Forschungsergebnisse zeigen, dass männliche Gottesanbeterinnen verschiedene Strategien anwenden, um gefressen zu werden, zu entgehen. Sie nähern sich dem Weibchen zum Beispiel, wenn es gerade abgelenkt ist oder frisst.

Einige Studien deuten darauf hin, dass Männchen, die sich von vorne nähern, seltener gefressen werden, da das Weibchen dann möglicherweise ihre Paarungstauglichkeit vor der Paarung bewertet. Darüber hinaus versuchen Männchen manchmal, sofort nach der Paarung zu fliehen – eine kluge Strategie, um zu überleben. Trotz dieser Überlebensstrategien bleibt die Gefahr des Kannibalismus eine ernsthafte Bedrohung für männliche Gottesanbeterinnen, was ihre Fortpflanzungszeit zu einer besonders gefährlichen Phase macht.

Das brutale Gleichgewicht von Risiko und Belohnung in den Paarungsritualen der Gottesanbeterinnen verdeutlicht die harsche Realität der Natur, wo Fortpflanzungserfolg oft mit hohen persönlichen Kosten verbunden ist. Zusammenfassend lässt sich sagen, dass das Leben eines männlichen Gottesanbeterin bedeutet, sich in einer gefährlichen Umgebung zurechtzufinden, in der das Paaren zum eigenen Untergang führen kann.

Dieses Kapitel ihres Lebenszyklus ist eine eindringliche Erinnerung an die kompromisslose Effizienz der evolutionären Mechanismen der Natur, bei denen selbst die grausamsten Verhaltensweisen Überlebens- und Fortpflanzungsvorteile bieten können.

Der seltsamste Krieg aller Zeiten

Der Große Emu-Krieg von 1932 ist eine skurrile, aber dennoch aufschlussreiche Episode in der australischen Geschichte, die sowohl humorvolle als auch ernste Aspekte der Wildtierkontrolle verdeutlicht. Der "Krieg" fand Ende 1932 statt, als die australische Regierung militärische Kräfte einsetzte, um eine rasch wachsende Emu-Population zu bekämpfen, die die Weizenernte im Campion-Distrikt von Westaustralien verwüstete. Dieses ungewöhnliche "Konflikt" illustriert die komplizierte Beziehung zwischen Mensch und Umwelt. Nach dem Ersten Weltkrieg hatte die australische Regierung Land an heimkehrende Veteranen vergeben, um sie zur Landwirtschaft in Westaustralien zu ermutigen.

Die Region litt unter der Weltwirtschaftskrise, die den Weizenpreis drastisch sinken ließ und die wirtschaftliche Lage verschärfte. Anfang der 1930er Jahre führten jedoch vermehrte Regenfälle zu einer erfolgreichen Weizenernte, die wiederum Tausende von Emus anzog. Diese großen, flugunfähigen Vögel, die in Australien beheimatet sind, wandern jährlich nach ihrer Brutzeit von den trockenen Gebieten ins Landesinnere zu den Küstengebieten. Die üppigen Felder mit erntereifem Weizen waren ein unwiderstehliches Ziel für bis zu 20.000 Emus. Die Emus richteten auf den Feldern großen Schaden an, indem sie Zäune zerstörten und die Ernten niedertrampelten. Bereits von der Wirtschaftskrise belastet, gerieten die Farmer in Verzweiflung und wandten sich hilfesuchend an die Regierung.

Diese reagierte, indem sie eine kleine Militäreinheit mit zwei Lewis-Maschinengewehren und 10.000 Schuss Munition in die Region entsandte. Major G.P.W. Meredith von der königlichen australischen Artillerie führte das Kommando über diese "Kriegsoperation", deren Ziel es war, die Emu-Population zu dezimieren und den Bauern Erleichterung zu verschaffen.

Was wie eine einfache Aufgabe erschien, entwickelte sich zu einer absurden Auseinandersetzung mit der Unberechenbarkeit der Natur. Die Emus erwiesen sich als überraschend widerstandsfähige Gegner. Sie zerstreuten sich in kleine Gruppen, wodurch es schwierig war, sie mit Maschinengewehren zu treffen. Ihre dicken Federn und die harte Haut fungierten sogar als eine Art Rüstung, die die Kugeln bei weitem nicht so effektiv machte, wie erwartet. Major Meredith bemerkte, dass die Emus erstaunliche Überlebensinstinkte besaßen und verglich ihre Taktiken mit denen der Kavallerie.

Der "Krieg" dauerte etwa einen Monat, bis er im Dezember 1932 endete. Trotz des massiven Einsatzes von Munition war der Erfolg gering. Schätzungen zufolge wurden nur etwa 200 bis 500 Emus getötet, was nur einen kleinen Teil der großen Population ausmachte. Das Militär zog sich schließlich zurück, geschlagen nicht von einer feindlichen Armee, sondern von einer hartnäckigen Vogelschar. Der Große Emu-Krieg wurde von lokalen und internationalen Medien mit humorvollen Kommentaren begleitet. Er löste auch eine Debatte im australischen Parlament über Wildtiermanagement, Agrarpolitik und den Einsatz des Militärs in innenpolitischen Angelegenheiten aus. Letztlich wurde der "Krieg" zu einer Lektion in Demut für das Militär und zeigte die Grenzen der Gewaltanwendung gegen ökologische Herausforderungen.

Der mysteriöse Untergang des Römischen Reiches

Der Untergang des Römischen Reiches ist eines der meistdiskutierten und faszinierendsten Themen in der Geschichtsforschung. Diese mächtige Zivilisation, die auf ihrem Höhepunkt von den Britischen Inseln bis nach Ägypten und vom Atlantik bis nach Mesopotamien reichte, ging nicht über Nacht unter, sondern erlag allmählich einer Kombination aus internen Schwächen und äußeren Druckfaktoren über mehrere Jahrhunderte hinweg. Das Verständnis des Falls von Rom ist komplex und umfasst eine Vielzahl von Faktoren, die sich in den verschiedenen Teilen des Reiches unterschiedlich ausgewirkt haben. Historiker betrachten das 5. Jahrhundert oft als die Zeit, in der das Weströmische Reich offiziell zusammenbrach, was symbolisch durch die Absetzung des letzten Kaisers, Romulus Augustulus, im Jahr 476 n. Chr. durch den germanischen Heerführer Odoaker markiert wird.

Doch die Ursachen für den Niedergang Roms lagen tief in den vorangegangenen Jahrhunderten. Einer der Hauptfaktoren war die politische Instabilität. Rom hatte Schwierigkeiten, eine stabile Regierungsstruktur aufrechtzuerhalten, und erlebte häufige Herrscherwechsel, oft durch Gewalt und Attentate. Diese ständige politische Unruhe machte eine effektive Regierung nahezu unmöglich und untergrub die Autorität der Zentralregierung. Ein weiterer bedeutender Faktor war der wirtschaftliche Niedergang. Die Kosten zur Verteidigung der riesigen Grenzen des Reiches gegen die Barbareneinfälle waren immens.

Diese finanzielle Belastung wurde durch eine schrumpfende Steuerbasis verschärft, da die landwirtschaftliche Produktion des Reiches aufgrund von Überbewirtschaftung und Bodenerosion abnahm. Die Inflation wuchs, als die Regierung die Währung abwertete, um ihre steigenden Ausgaben zu decken. Die weiten Grenzen des Reiches waren schwer zu verteidigen, und das Militär war überlastet. Mit zunehmenden Bedrohungen von außen sah sich Rom gezwungen, Söldner einzusetzen, die oft weniger loyal gegenüber dem Reich waren und eher persönliche Vorteile suchten. Der Druck durch barbarische Gruppen war wohl der bekannteste Faktor für den Niedergang Roms. Gruppen wie die Westgoten, Vandalen und Hunnen setzten das Reich unter enormen Druck. Die Plünderung Roms durch die Westgoten im Jahr 410 n. Chr. und später durch die Vandalen waren klare Zeichen dafür, dass das Reich nicht mehr unbesiegbar war.

Intern erlebte die römische Gesellschaft ebenfalls einen Zerfall. Die traditionellen römischen Werte, die bürgerliche Pflichten und Verantwortungen betonten, wurden allmählich von Generationen des Wohlstands und Luxus untergraben. Darüber hinaus veränderte das Aufkommen des Christentums die kulturelle und religiöse Landschaft des Reiches. Interessanterweise erlebte das Oströmische Reich mit der Hauptstadt Konstantinopel weiterhin eine Blütezeit. Die östlichen Provinzen waren wohlhabender und stabiler, teils wegen geringerer Invasionsgefahr und starker Führungsfiguren wie Kaiser Justinian, der sogar versuchte, die westlichen Provinzen zurückzuerobern.

Der Untergang des Römischen Reiches hatte tiefgreifende und nachhaltige Auswirkungen auf die Entwicklung des modernen Europas. Das politische und kulturelle Vakuum, das Roms Zusammenbruch hinterließ, führte zum Aufstieg des Feudalsystems und markierte den Beginn des Mittelalters.

Die Überreste der römischen Kultur wurden vom Byzantinischen Reich bewahrt und später wieder in Westeuropa eingeführt, was die Renaissance und die Weiterentwicklung der europäischen Zivilisation beeinflusste. Zusammengefasst war der Fall des Römischen Reiches nicht auf eine einzige Ursache zurückzuführen, sondern auf eine Kombination aus internen Schwächen und äußeren Bedrohungen, die das einst mächtige Reich überwältigten. Die Untersuchung seines Niedergangs bietet wertvolle Einblicke in die Funktionsweise komplexer Gesellschaften und ist eine eindrucksvolle Erinnerung daran, wie selbst die mächtigsten Zivilisationen anfällig für den Untergang sind.

Es regnet Fische

Das Phänomen des "Fischregens" gehört zu den bizarreren und faszinierendsten meteorologischen Ereignissen, die im Laufe der Geschichte dokumentiert wurden. Berichte über Fische, die vom Himmel fallen, sind in verschiedenen Teilen der Welt aufgetreten und haben die Neugier sowohl von Wissenschaftlern als auch von Laien geweckt. Obwohl das Herabfallen von Fischen wie eine Szene aus einer fantastischen Geschichte anmutet, gibt es eine wissenschaftliche Erklärung dafür, die normalerweise mit Wasserhosen oder Tornados zusammenhängt. Der Hauptschuldige hinter diesem Phänomen ist die Wasserhose. Wasserhosen sind im Wesentlichen intensive Wirbelstürme, die sich über Gewässern bilden und wie trichterförmige Wolken erscheinen. Sie ähneln Tornados, treten jedoch über Wasser auf. Es gibt zwei Arten von Wasserhosen: tornadische Wasserhosen und Schönwetter-Wasserhosen.

Tornadische Wasserhosen sind Tornados, die sich über Wasser bilden oder vom Land aufs Wasser übergehen. Sie haben die gleichen Merkmale wie ein Tornado an Land und sind mit Kumulonimbus-Wolken verbunden. Schönwetter-Wasserhosen hingegen entstehen gewöhnlich an der Basis von Kumuluswolken. Diese Wasserhosen sind sehr kräftig und können durch ihre starken Aufwinde kleine Objekte, wie Fische oder andere Wassertiere, von der Oberfläche aufsaugen und in die Wolken transportieren. Normalerweise entstehen Wasserhosen in tropischen und subtropischen Gebieten, wo das Wasser warm genug ist, um ihre Entstehung zu fördern, sie können jedoch gelegentlich auch in kühleren Regionen auftreten.

Wenn sich die Wasserhose auflöst, wird das Wasser mitsamt der aufgesaugten Fische und Tiere über Land abgeregnet, was den Eindruck eines "Fischregens" erweckt. Berichte über Fischregen reichen Jahrhunderte zurück, von der Antike bis in die moderne Zeit. Eine der frühesten dokumentierten Erwähnungen stammt aus dem ersten Jahrhundert n. Chr., als der römische Naturforscher Plinius der Ältere von Stürmen mit Fröschen und Fischen schrieb, was wahrscheinlich eine frühe Beschreibung von tierischen Niederschlägen im Zusammenhang mit schweren Wetterereignissen war. In jüngerer Zeit wurden in verschiedenen Teilen der Welt moderne Fälle von Fischregen gemeldet.

In Honduras ist das Phänomen so regelmäßig, dass die Stadt Yoro jährlich das "Festival des Fischregens" feiert. Der lokale Volksglaube führt das Phänomen auf die Gebete eines katholischen Priesters im 19. Jahrhundert zurück, der Gott bat, den Armen Nahrung zu bringen. Wissenschaftler hingegen schreiben das Ereignis den turbulenten Wetterbedingungen in der Region zu, die mächtige Aufwinde und Wasserhosen hervorrufen können. Im Jahr 2010 waren die Bewohner von Lajamanu in Australien erstaunt, als Hunderte von Fischen vom Himmel fielen, viele davon noch lebendig. Lajamanu liegt Hunderte von Kilometern entfernt von großen Gewässern, was das Ereignis umso überraschender machte. Meteorologen vermuteten, dass ein Tornado die Fische aus einem Fluss aufgesogen und über eine große Entfernung transportiert hatte.

Der unsterbliche Soldat

Das Leben von Sir Adrian Carton de Wiart liest sich wie das Drehbuch eines Abenteuerfilms, voller nahezu ununterbrochener Action, unglaublicher Tapferkeit und einer scheinbar gleichgültigen Einstellung gegenüber persönlicher Gefahr. Geboren 1880 in Brüssel, Belgien, in eine aristokratische Familie, erstreckte sich seine militärische Karriere über mehr als vier Jahrzehnte, in denen er am Burenkrieg, am Ersten Weltkrieg und am Zweiten Weltkrieg teilnahm. Sein persönliches Motto „Ich genieße das Leben ehrlich" verkörpert seinen unerschütterlichen Geist und seine Widerstandsfähigkeit – Eigenschaften, die seine legendären militärischen Leistungen ausmachten. Adrian Carton de Wiart, von belgischer und irischer Abstammung, identifizierte sich stark mit Großbritannien.

Er sah zum ersten Mal im Zweiten Burenkrieg Gefechte, nachdem er sein Alter und seinen Hintergrund gefälscht hatte, um in die britische Armee einzutreten. Dies markierte den Beginn einer lebenslangen militärischen Laufbahn, die zu seiner Berufung und seinem Lebensinhalt wurde. Sein Dienst im Ersten Weltkrieg verfestigte seinen Ruf als unerbittlicher und furchtloser Soldat. Carton de Wiart nahm an den Schlachten an der Westfront teil, insbesondere an der Somme und in Passchendaele. Seine Tapferkeit war legendär; er wurde mehrfach verwundet, darunter der Verlust seiner linken Hand im Jahr 1915, den er mit den Worten abtat, er habe die Hand „weggeworfen", nachdem sie durch einen Schuss verletzt worden war. Er erlitt auch Verletzungen am Schädel, Knöchel, an der Hüfte, dem Bein und dem Ohr.

Im Jahr 1916 wurde er für seine Aktionen während der Schlacht an der Somme mit dem Victoria-Kreuz, der höchsten britischen Auszeichnung für Tapferkeit im Angesicht des Feindes, ausgezeichnet. Seine Verletzungen waren so zahlreich und schwerwiegend, dass er einmal einem Freund gesagt haben soll: „Regierungen mögen denken und sagen, was sie wollen, aber letztlich ist Gewalt der entscheidende Faktor in internationalen Angelegenheiten." Trotz seiner Wunden behielt Carton de Wiart eine ungebrochene Lebensfreude und zeigte eine bemerkenswerte Widerstandskraft und eine fast unbekümmerte Einstellung gegenüber Gefahr. Im Zweiten Weltkrieg war sein Dienst nicht weniger dramatisch. Im Jahr 1940, im Alter von 60 Jahren, wurde er beauftragt, die britische Militärmission in Polen zu leiten.

Nach der Invasion Polens zog er nach Norwegen, wo er die alliierten Bemühungen koordinierte. Sein Flugzeug wurde 1941 während einer Mission nach Jugoslawien abgeschossen, woraufhin er von italienischen Streitkräften gefangen genommen wurde. Als Kriegsgefangener unternahm er mehrere Fluchtversuche, darunter das Graben eines Tunnels aus einem Gefangenenlager, bevor er wieder gefasst wurde. 1943 wurde er schließlich im Rahmen eines Gefangenenaustauschs freigelassen. Nach seiner Freilassung diente Carton de Wiart als Winston Churchills Vertreter bei Chiang Kai-shek in China bis zum Ende des Krieges. Seine Zeit in China verlief im Vergleich zu seinen früheren militärischen Abenteuern relativ friedlich, war jedoch entscheidend für die Stärkung der Allianz gegen die Achsenmächte in Asien.

Nach dem Zweiten Weltkrieg zog sich Carton de Wiart ins Privatleben zurück und verbrachte seine letzten Jahre beim Angeln in Irland. Er starb 1963 im Alter von 83 Jahren. Seine Autobiografie Happy Odyssey beschreibt seine außergewöhnlichen Erlebnisse und seinen unerschütterlichen Geist im Angesicht von Widrigkeiten. Das Leben von Sir Adrian Carton de Wiart ist ein lebendiges Zeugnis des Mutes und der Ausdauer eines Mannes, der nicht nur einige der brutalsten Kriege der Geschichte überlebte, sondern dies auch mit einem Maß an Begeisterung und Tapferkeit tat, das ihn zu einer Legende in der Militärgeschichte machte. Seine Geschichte handelt nicht nur vom Überleben gegen alle Widrigkeiten, sondern auch davon, Freude in den Kämpfen des Lebens zu finden, egal wie beängstigend diese sein mögen.

Der explodierende Wal

Im November 1970 ereignete sich ein Vorfall, der zu einem der bizarrsten Ereignisse in der Geschichte des Wildtiermanagements und der öffentlichen Sicherheit wurde. Ein toter Pottwal war an der Küste von Florence, Oregon, angeschwemmt worden, und die Entscheidung, wie man das massive Tier entsorgen sollte, führte zu einer buchstäblich explosiven Situation. Der Wal, geschätzt auf ein Gewicht von etwa 8 Tonnen und eine Länge von 13,5 Metern, stellte die Behörden von Florence vor ein großes Problem. Zu dieser Zeit war die Verwaltung der Strände in der Verantwortung der Oregon Highway Division (heute das Oregon Department of Transportation). Der verwesende Wal wurde nicht nur aufgrund seines üblen Geruchs zu einem öffentlichen Ärgernis, sondern stellte auch eine Gesundheitsgefahr dar, da er Aasfresser anzog und möglicherweise Krankheiten verbreitete.

Die Aufgabe, einen so riesigen Kadaver zu entfernen, war eine Herausforderung. Traditionelle Methoden wie das Vergraben des Wals oder das Zerteilen und Entfernen galten aufgrund der Größe des Wals und der Beschaffenheit des Sandstrands als unpraktisch. Nach Rücksprache mit der US Navy entschied man sich dafür, den Wal mit Dynamit in die Luft zu sprengen. Am 12. November 1970, mit einer Menge neugieriger Zuschauer, die in sicherer Entfernung standen, wurde der Plan in die Tat umgesetzt. Die Highway Division, unter der Leitung des Ingenieurs George Thornton, verwendete eine halbe Tonne Dynamit, um den Walfisch zu zerstören. Die Sprengladung wurde auf der dem Land zugewandten Seite des Wals platziert, in der Hoffnung, dass die Überreste ins Meer fliegen würden. Die Explosion verlief jedoch nicht wie geplant.

Anstatt den Wal in kleine Stücke zu zerlegen, die von Vögeln und anderen Tieren verzehrt werden könnten, explodierte der Wal gewaltig, und große Brocken von Walfleisch und andere Trümmer wurden in die Luft geschleudert. Ein besonders großes Stück landete auf einem geparkten Auto, das über 400 Meter entfernt war und dessen Dach vollständig zertrümmert wurde. Glücklicherweise wurde niemand verletzt, aber der Vorfall wurde schnell berühmt. Der Vorfall wurde von dem Kameramann Doug Brazil für den lokalen Fernsehsender KATU-TV in Portland auf Film festgehalten. Der Reporter Paul Linnman berichtete humorvoll darüber, was zur Legende des explodierenden Wals beitrug.

Das Video wurde zu einer der ersten viralen Nachrichten, lange bevor das Internet existierte. Der Vorfall wurde zu einer Lektion über die unbeabsichtigten Folgen, wenn man mit übermäßiger Gewalt versucht, ein Problem zu lösen. Er wurde in der Popkultur referenziert, in wissenschaftlichen Kreisen diskutiert und als Beispiel für Krisenmanagement und Entscheidungsprozesse verwendet. Der "explodierende Wal" wurde Teil der Folklore von Oregon und wird oft als humorvolles Beispiel für den Moment herangezogen, wenn Dinge spektakulär schiefgehen.

Das taube Musikgenie

Ludwig van Beethoven, geboren am 16. Dezember 1770 in Bonn, Deutschland, wird nicht nur als einer der ikonischsten Figuren in der Geschichte der westlichen Musik verehrt, sondern auch als Symbol für den Triumph über das Schicksal. Trotz seines fortschreitenden Hörverlustes schuf Beethoven einige der komplexesten und schönsten Musikstücke aller Zeiten, die bis heute tiefgreifenden Einfluss auf die Welt der klassischen Musik haben. Beethoven war das älteste überlebende Kind von Johann van Beethoven, einem Sänger und Instrumentalisten am Hof des Kurfürsten von Köln. Seine musikalische Ausbildung begann früh und war intensiv, da sein Vater sehr streng und manchmal sogar grausam war. Bereits im Alter von sieben Jahren trat Beethoven öffentlich auf, und mit zwölf Jahren hatte er seine ersten Kompositionen veröffentlicht.

Obwohl sein Vater als strenger Lehrer galt, legte Beethovens frühe musikalische Ausbildung das Fundament für seinen späteren innovativen Stil. 1787 reiste Beethoven zum ersten Mal nach Wien, dem musikalischen Zentrum der damaligen Zeit, in der Hoffnung, bei Mozart zu studieren. Die Reise wurde jedoch durch die Krankheit seiner Mutter unterbrochen. 1792 kehrte er nach Wien zurück, um bei Joseph Haydn zu studieren, gefördert durch den Kurfürsten von Köln. Diese Zeit war entscheidend für Beethovens Entwicklung als brillanter Pianist und vielversprechender Komponist. Die ersten Anzeichen von Beethovens Hörverlust traten Ende der 1790er Jahre auf, als er begann, ein Summen und Klingeln in den Ohren zu verspüren. In den frühen 1800er Jahren verschlechterte sich sein Gehör erheblich, was für einen Musiker, dessen Leben sich um Klang drehte, eine unvorstellbare Herausforderung darstellte.

Trotz dieser persönlichen Tragödie gab Beethoven das Komponieren nicht auf. Seine Fähigkeit, weiterhin Musik zu schaffen, obwohl er zunehmend taub wurde, grenzt an ein Wunder und zeigt nicht nur seinen unerschütterlichen Willen, sondern auch seine Genialität, Gedanken und Emotionen in Musik zu übersetzen. Beethovens mittlere Schaffensperiode, oft als seine "heroische" Phase bezeichnet, begann um 1803. In dieser Zeit komponierte er bahnbrechende Werke wie die "Eroica"-Symphonie, die die Form und den Umfang der Symphonie revolutionierte, und die berühmte 5. Symphonie mit ihrem markanten "Schicksalsmotiv". Diese Werke entstanden, obwohl Beethoven sein Gehör verlor, und sie zeigten eine neue, mutige musikalische Struktur und emotionale Tiefe.

Die späte Periode seines Lebens, von 1815 bis zu seinem Tod 1827, ist durch noch tiefere Kompositionen geprägt. In dieser Zeit, als Beethoven völlig taub war, schuf er einige seiner ambitioniertesten Werke, darunter die 9. Symphonie mit dem berühmten Chor "Ode an die Freude", die die Brüderlichkeit der Menschheit feiert. Auch seine späten Streichquartette, die die Grenzen der musikalischen Form sprengten, wurden erst Jahrzehnte später in ihrer ganzen Tiefe gewürdigt. Beethovens Vermächtnis ist geprägt von seiner außergewöhnlichen Fähigkeit, Musik von bleibender Bedeutung zu schaffen, obwohl er das für einen Musiker kostbarste verlor: sein Gehör. Sein Leben und Werk sind ein eindrucksvolles Zeugnis für die Widerstandsfähigkeit des menschlichen Geistes. Beethovens Kompositionen, insbesondere aus seinen letzten Lebensjahren, gelten als monumentale Leistungen in der Musikgeschichte und spiegeln sowohl die persönlichen Kämpfe wider, die er erduldete, als auch die Genialität seiner musikalischen Vision.

Der König mit sechs Königinnen

Heinrich VIII., König von England von 1509 bis zu seinem Tod 1547, ist berüchtigt für seine sechs Ehen und die extremen Maßnahmen, die er ergriff, um einen männlichen Thronfolger zu bekommen. Seine Heiratspolitik und die religiösen sowie politischen Umwälzungen dieser Zeit prägten das 16. Jahrhundert in England nachhaltig und hinterließen tiefgreifende Spuren. Katharina von Aragon war Heinrichs erste Frau. Ursprünglich war sie mit seinem älteren Bruder Arthur verheiratet gewesen, der jedoch kurz nach der Hochzeit starb. Nach einer päpstlichen Dispensation heiratete Heinrich Katharina im Jahr 1509, kurz nach seiner Thronbesteigung. Ihre Ehe hielt fast 24 Jahre, und obwohl Katharina mehrere Kinder gebar, überlebte nur eine Tochter, Maria, das Kleinkindalter. Heinrichs verzweifeltes Verlangen nach einem männlichen Erben und Katharinas Unfähigkeit, einen solchen zu gebären, führte zu Heinrichs erstem großen Ehekonflikt.

Anne Boleyn, Heinrichs zweite Frau, betrat die Bühne, als Heinrich zunehmend frustriert darüber wurde, keinen männlichen Erben zu haben. Anne, eine ehrgeizige und charismatische Hofdame, erregte Heinrichs Interesse, weigerte sich jedoch zunächst, seine Geliebte zu werden. Diese Weigerung führte Heinrich dazu, die Annullierung seiner Ehe mit Katharina zu suchen, indem er behauptete, ihre Ehe sei von Gott verflucht, weil Katharina zuvor mit seinem Bruder verheiratet war.

Als der Papst die Annullierung verweigerte, brach Heinrich mit der katholischen Kirche und gründete die Kirche von England. Heinrich und Anne heirateten 1533, und sie gebar später Elizabeth, die spätere Königin von England. Doch als sie keinen männlichen Erben gebar und ihre Einflussnahme auf Heinrich schwand, wurde sie wegen Hochverrats, Ehebruchs und Inzest verhaftet und 1536 hingerichtet. Jane Seymour, Heinrichs dritte Frau, heiratete ihn nur Tage nach Annes Hinrichtung. Sie brachte Heinrich 1537 endlich den lang ersehnten männlichen Thronerben, Edward, zur Welt. Leider starb Jane kurz nach der Geburt an Komplikationen, und Heinrich trauerte tief um sie. Sie gilt oft als seine Lieblingsfrau, da sie ihm seinen einzigen legitimen männlichen Erben schenkte. Anne von Kleve, Heinrichs vierte Frau, wurde aus politischen Gründen ausgewählt, doch die Ehe war von Anfang an ein Desaster.

Heinrich fand Anne unattraktiv, und die Ehe wurde nach nur sechs Monaten annulliert. Anne lebte anschließend in Wohlstand als Heinrichs „geliebte Schwester" und spielte im politischen Leben Englands keine große Rolle mehr. Catherine Howard, Heinrichs fünfte Frau und eine Cousine von Anne Boleyn, heiratete den König 1540, nur wenige Wochen nach der Annullierung von Anne von Kleve. Catherine war jung und lebhaft, doch ihre Vergangenheit und ihre Untreue während der Ehe führten dazu, dass sie 1542 wegen Ehebruchs hingerichtet wurde, was ein tragisches Echo auf das Schicksal ihrer Cousine war. Catherine Parr, Heinrichs sechste und letzte Frau, heiratete ihn 1543. Sie war eine zweimal verwitwete Frau mit starkem Charakter und protestantischen Überzeugungen. Catherine erwies sich als stabilisierender Einfluss auf Heinrich in seinen letzten Jahren und war eine liebevolle Stiefmutter für seine Kinder. Sie überlebte Heinrich und heiratete nach seinem Tod erneut.

Heinrichs Ehen waren nicht nur von persönlichen Wünschen getrieben, sondern hatten auch tiefgreifende politische und religiöse Konsequenzen. Sein Streben nach einem männlichen Erben führte zur Gründung der anglikanischen Kirche und zur religiösen Reformation, die England für Generationen prägen sollte. Sein Erbe als politischer und religiöser Reformer wird ebenso stark diskutiert wie seine Rolle als Tyrann, dessen Eheentscheidungen das Leben vieler Menschen dramatisch veränderten. Die Geschichte von Heinrich VIII. und seinen sechs Frauen bleibt eine der dramatischsten Episoden in der Geschichte des englischen Königshauses.

Hatte die Erde einst mehrere Monde?

Die Idee, dass die Erde einst mehrere Monde hatte, ist ein faszinierendes Thema, das Wissenschaftler und Astronomen seit Jahren beschäftigt. Auch wenn es wie Science-Fiction klingt, gibt es wissenschaftliche Spekulationen und Modellierungen, die nahelegen, dass die Erde in ihrer fernen Vergangenheit mehr als einen Mond gehabt haben könnte. Diese Theorie ist zwar nicht Teil des wissenschaftlichen Mainstreams, bietet jedoch eine interessante Perspektive auf das frühe Sonnensystem und die turbulenten Prozesse, die die Planeten geformt haben. Die gängigste Theorie über die Entstehung des Mondes ist die Rieseneinschlag-Hypothese, die besagt, dass der Mond aus Trümmern entstand, die nach einer Kollision zwischen der Erde und einem marsgroßen Körper namens Theia zurückblieben.

Dieser katastrophale Einschlag, der vor etwa 4,5 Milliarden Jahren stattfand, hätte große Mengen an Material in die Umlaufbahn um die Erde geschleudert, das sich schließlich zu unserem heutigen Mond formte. Aufbauend auf dieser Hypothese haben einige Wissenschaftler Modelle vorgeschlagen, in denen zunächst mehrere Monde entstanden sein könnten. Ein solches Modell legt nahe, dass der Einschlag eine ausreichend große Trümmerscheibe erzeugt haben könnte, aus der sich vorübergehend mehrere Monde bildeten. Im Laufe der Zeit hätten Gravitationswechselwirkungen wahrscheinlich dazu geführt, dass diese Monde kollidierten und verschmolzen, was schließlich zu dem einzelnen Mond führte, den wir heute sehen.

Eine Studie aus dem Jahr 2011, die von Forschern der Universität von Kalifornien in Santa Cruz und dem Observatoire de la Côte d'Azur in Nizza veröffentlicht wurde, schlug vor, dass die Erde einst zwei Monde hatte. Ihr Modell deutet darauf hin, dass ein zweiter, kleinerer Mond—etwa 1.200 Kilometer im Durchmesser—sich ebenfalls aus dem gleichen Einschlag gebildet haben könnte, der unseren heutigen Mond schuf. Den Simulationen zufolge hätte dieser hypothetische zweite Mond die Erde aus größerer Entfernung umkreist und wäre schließlich mit dem größeren Mond kollidiert. Der Aufprall wäre jedoch langsam genug gewesen, um die beiden Körper miteinander verschmelzen zu lassen.

Dieses Modell wurde genutzt, um die geologischen Unterschiede zwischen der erdzugewandten und der erdabgewandten Seite des Mondes zu erklären, da die beiden Seiten signifikante Unterschiede in Bezug auf Gelände und Krustendicke aufweisen. Die Theorie von mehreren Monden könnte helfen, einige der Oberflächenmerkmale des Mondes zu erklären, die unter der Einzelmond-Theorie schwer zu deuten sind, wie beispielsweise den starken Unterschied zwischen den Mondhochländern und den Maria (den großen, dunklen, basaltischen Ebenen auf dem Mond, die durch uralte Vulkanausbrüche entstanden sind). Sie könnte auch Aufschluss über die Dynamik der frühen Erdumlaufbahn und die Bedingungen geben, unter denen unser Planet mit nur einem natürlichen Satelliten stabilisiert wurde. Diese Theorie ist jedoch nicht unumstritten. Es bedarf weiterer direkter Beweise, um in der wissenschaftlichen Gemeinschaft breite Akzeptanz zu finden. Zukünftige Mondmissionen und die Untersuchung von Mondgesteinen könnten mehr Daten liefern, die diese spekulativen Modelle unterstützen oder widerlegen.

Die frühere Farbe der Karotten

Die vertraute orangefarbene Karotte, die heute in der modernen Ernährung eine wichtige Rolle spielt, war nicht immer so bunt. Die Geschichte, wie die Karotte zu ihrer aktuellen Farbe kam, ist eine faszinierende Reise durch die Landwirtschaft, die selektive Züchtung, politische Einflüsse und einen Hauch historischer Zufälle. Die heutige orangefarbene Karotte ist eine relativ junge Entwicklung, die erst vor ein paar Jahrhunderten entstand und tiefe Wurzeln in politischen und kulturellen Faktoren hat. Karotten (Daucus carota) stammen vermutlich aus Zentralasien, insbesondere aus den Regionen, die heute Iran und Afghanistan umfassen, vor etwa 5.000 Jahren.

Die frühesten Karotten unterschieden sich stark von den heutigen. Sie waren wahrscheinlich violett oder gelb und hatten dünne, verzweigte Wurzeln, die holzig und bitter im Geschmack waren. Diese frühen Karotten wurden eher wegen ihrer Blätter und Samen als wegen ihrer Wurzeln angebaut. Im Laufe der Zeit und mit der Ausbreitung von Handelsrouten und landwirtschaftlichen Praktiken begannen Karotten in Asien und Europa verbreitet angebaut zu werden. Bereits im 10. Jahrhundert gibt es Berichte über Karotten, die im Nahen Osten angebaut wurden, und im 12. Jahrhundert gelangten sie über nordafrikanische Einflüsse nach Spanien. Diese Karotten waren farblich vielfältig und umfassten violette, weiße und gelbe Varianten. Erst im Mittelalter gewannen Karotten in Nordeuropa an Popularität. Die Umwandlung zur orangefarbenen Karotte, die wir heute kennen, begann im 16. Jahrhundert in den Niederlanden. Diese Veränderung wird oft niederländischen Züchtern zugeschrieben, die Karotten als Hommage an Wilhelm von Oranien, den Anführer im Kampf um die Unabhängigkeit der Niederlande, züchteten.

Die orangefarbene Karotte wurde schnell populär, da sie süßer und schmackhafter war als ihre Vorgänger. Außerdem erwies sich die orange Farbe als stabil während des Kochens und war visuell ansprechender in der Küche, was zu ihrer weit verbreiteten Verbreitung führte. Dieser Wandel war jedoch nicht nur eine einfache Folge der Pflanzenzüchtung, sondern hatte auch kulturelle und politische Untertöne. Die orangefarbene Karotte wurde zum Symbol niederländischer Unabhängigkeit und Stolz und galt als kulinarische Verbesserung gegenüber den weniger attraktiven und bitteren früheren Sorten. In den folgenden Jahrhunderten verbesserten die Niederländer die Größe, den Geschmack und die Textur der orangefarbenen Karotten durch sorgfältige Züchtung und Auswahl.

Als die orange Karotte in Europa an Popularität gewann, wurde sie im 17. Jahrhundert von britischen Siedlern auch nach Nordamerika gebracht. Auch dort setzte sie sich schnell durch und verdrängte weitgehend die älteren, mehrfarbigen Varianten. Heute ist die orange Karotte weltweit dominierend, aber alte Sorten, die das ursprüngliche Farbspektrum von Violett, Weiß, Gelb und Rot zeigen, erleben eine Wiederbelebung. Diese Sorten werden oft von Kleinbauern angebaut und sind auf Bauernmärkten und in Spezialgeschäften zu finden, wo sie wegen ihrer einzigartigen Farben und Geschmacksrichtungen geschätzt werden. Somit ist die Geschichte der Karotte sowohl eine kulturelle als auch eine politische Erzählung. Die Entwicklung der orangefarbenen Karotte aus ihren vielfältigeren Vorfahren ist ein Zeugnis für den tiefgreifenden Einfluss der menschlichen Kultur auf die natürliche Welt.

Das Rennen zum Südpol

Das historische Rennen zum Südpol zwischen Roald Amundsen und Robert Falcon Scott bleibt eines der dramatischsten und eindringlichsten Kapitel in der Geschichte der Entdeckungen. Es war nicht nur ein Wettstreit zwischen zwei Männern, sondern ein Aufeinandertreffen unterschiedlicher Philosophien, Strategien und nationaler Ehre, das sich im eisigen Ödland der Antarktis im frühen 20. Jahrhundert abspielte. Der norwegische Entdecker Roald Amundsen plante ursprünglich, als Erster den Nordpol zu erreichen. Als er jedoch erfuhr, dass sowohl Frederick Cook als auch Robert Peary in den Jahren 1908 und 1909 jeweils Anspruch auf den Nordpol erhoben, änderte Amundsen heimlich das Ziel seiner Expedition und wandte sich dem Südpol zu. Er war bekannt für seine sorgfältige Vorbereitung und seinen Respekt vor den harten Bedingungen der Polarregionen.

Amundsen nutzte überlieferte Überlebenstechniken der Inuit, wie das Einsetzen von Hundeschlitten und das Tragen von Tierfellen, die effektiver waren als die damals in Europa verwendete schwerere Kleidung. Im Gegensatz dazu war Robert Falcon Scott, ein Offizier der britischen Marine, fest entschlossen, den Südpol für das britische Empire zu beanspruchen und auf dem Weg dorthin wissenschaftliche Beobachtungen zu machen. Scotts Expedition legte großen Wert auf wissenschaftliche Ziele, über das bloße Erreichen des Pols hinaus. Seine Mannschaft brachte modernste Motorschlitten mit, experimentierte mit Ponys aus Sibirien und plante, Schlitten auch von Hand zu ziehen.

Doch diese technologischen Innovationen erwiesen sich in den extremen Bedingungen der Antarktis als unzuverlässig, und die Ponys waren für die eisige Umgebung und die extremen Temperaturen nicht geeignet. Amundsens Expedition startete im Oktober 1911 von ihrem Basislager „Framheim" auf dem Ross-Schelfeis. Seine Mannschaft reiste leicht, führte Vorräte für eine schnelle Reise mit sich und setzte auf die Unterstützung von Schlittenhunden. Amundsens tiefes Verständnis der Polarbegebenheiten und sein pragmatischer Ansatz bei der Expeditionsplanung ermöglichten es seiner Mannschaft, schnell voranzukommen. Scotts Expedition verließ ihr Basislager in Cape Evans etwa zwei Wochen später, im November 1911. Die Briten standen sofort vor Problemen: Ihre Motorschlitten versagten und die Ponys erlagen den extremen Kältebedingungen.

Schließlich war die Mannschaft gezwungen, ihre schweren Schlitten von Hand zu ziehen, was die Männer stark erschöpfte und ihre Moral schwächte. Amundsen erreichte den Südpol am 14. Dezember 1911. Seine Mannschaft hisste die norwegische Flagge und beanspruchte den Südpol für Norwegen. Amundsens akribische Planung und der Einsatz von Schlittenhunden halfen seiner Mannschaft, die Reise schneller und mit weniger menschlicher Erschöpfung zu bewältigen als Scotts Gruppe. Scott und seine Männer erreichten den Pol am 17. Januar 1912, nur um dort die norwegische Flagge zu entdecken. Diese Erkenntnis war ein schwerer Schlag für Scott und seine Männer, die enorme Strapazen auf sich genommen hatten, um dorthin zu gelangen. Die britische Gruppe machte sich auf den schweren Rückweg, doch tragischerweise überlebte keiner von ihnen die Reise. Sie starben an Erschöpfung, Hunger und extremer Kälte.

Das Rennen zum Südpol ist ein Beispiel dafür, wie unterschiedliche Führungsstile und Vorbereitungen über Erfolg oder Misserfolg in extremen Bedingungen entscheiden können. Amundsens praktischer Ansatz, der auf Geschwindigkeit und Effizienz setzte, stand in starkem Gegensatz zu Scotts traditionelleren und weniger flexiblen Methoden, die den unvorhersehbaren antarktischen Bedingungen nicht standhalten konnten. Während Scotts tragisches Ende ihn in Großbritannien zum nationalen Helden machte, etablierte sich Amundsen als einer der größten Polarforscher seiner Zeit, auch wenn seine pragmatischen Methoden weniger romantisiert wurden. Heute wird das Rennen zum Südpol nicht nur wegen seines dramatischen Höhepunkts erinnert, sondern auch wegen der bleibenden Lehren über Führung, Vorbereitung und die menschliche Widerstandskraft gegenüber den extremsten Bedingungen der Erde.

Die Große Pyramide von Gizeh

Die Große Pyramide von Gizeh, ein fortdauerndes Wunder der antiken Ingenieurskunst und architektonischen Finesse, steht als Zeugnis für den Einfallsreichtum und das Mysterium der alten ägyptischen Zivilisation. Erbaut als Grabmal für den Pharao Cheops (auch bekannt als Khufu) und datiert auf etwa 2560 v. Chr., ist die Große Pyramide die älteste und größte der drei Pyramiden auf dem Gizeh-Plateau und das einzige noch erhaltene der sieben Weltwunder der Antike. Ihre dauerhafte Pracht und die Geheimnisse um ihren Bau faszinieren weiterhin Wissenschaftler, Archäologen und Touristen gleichermaßen.

Die Große Pyramide wurde ursprünglich mit einer erstaunlichen Höhe von 146,6 Metern erbaut, was sie für über 3.800 Jahre zum höchsten von Menschenhand geschaffenen Bauwerk der Welt machte, bis der Bau der Lincoln-Kathedrale in England im Jahr 1311 dieses übertraf. Heute ist sie mit 138,8 Metern etwas kürzer, da einige der äußeren Verkleidungssteine verloren gegangen sind. Die Pyramide bedeckt eine Fläche von etwa 13 Hektar und besteht aus etwa 2,3 Millionen Steinblöcken, die jeweils zwischen 2,5 und 15 Tonnen wiegen. Einer der beeindruckendsten Aspekte der Großen Pyramide ist ihre Präzision und Ausrichtung. Die Basis der Pyramide ist fast ein perfektes Quadrat, wobei jede Seite etwa 230 Meter misst. Sie ist mit unglaublicher Genauigkeit an den Himmelsrichtungen ausgerichtet, mit ihren Seiten, die genau nach Norden, Süden, Osten und Westen zeigen.

Die Ecken der Pyramide liegen nahezu exakt an den Kardinalpunkten, eine Leistung, die erst durch moderne Vermessungsinstrumente wieder erreicht werden konnte. Die Methoden, die zum Bau der Großen Pyramide verwendet wurden, sind bis heute Gegenstand von Debatten und Faszination. Traditionelle Theorien legen nahe, dass die massiven Steinblöcke aus nahe gelegenen Steinbrüchen mit Schlitten transportiert wurden, die über schlammige, mit Wasser benetzte Wege von Teams von Arbeitern gezogen wurden. Die Blöcke wurden dann möglicherweise mit Rampen an ihren Platz gebracht, obwohl die genaue Art dieser Rampen unbekannt bleibt. Einige Gelehrte vermuten eine gerade Rampe, während andere eine spiralförmige Rampe um den Außenbereich der Pyramide oder eine Kombination beider vorschlagen. Kürzlich entdeckte Funde, wie ein Papyrus, der nahe dem Roten Meer gefunden wurde, haben neue Einblicke in die Logistik des Pyramidenbaus gegeben.

Dieses Dokument, das aus der Zeit von Khufus Herrschaft stammt, beschreibt einen Schiffskapitän, der Kalksteinblöcke den Nil hinunter transportierte, und beleuchtet den Transport der Materialien, die für den Bau der Pyramide erforderlich waren. Das Design der Pyramide weist bemerkenswerte astronomische Merkmale auf. Der absteigende Gang im Inneren der Pyramide war damals direkt auf den Nordstern Thuban im Sternbild Drache ausgerichtet. Eine solche Ausrichtung deutet darauf hin, dass die Pyramide, abgesehen von ihrer Funktion als Grab, möglicherweise auch eine breitere astronomische und zeremonielle Bedeutung hatte. Das Innere der Großen Pyramide ist ebenso faszinierend und verfügt über eine Reihe von Kammern, Gängen und Schächten. Die Königskammer, die sich im Herzen der Pyramide befindet, enthält einen Granitsarkophag, von dem viele glauben, dass er für den mumifizierten Körper von Khufu bestimmt war.

Über der Königskammer befinden sich fünf Entlastungskammern, die dazu bestimmt waren, das Gewicht der massiven Steine darüber zu verteilen und den Einsturz der Kammer zu verhindern. Es gibt zahlreiche Theorien, einige spekulativer als andere, über den Zweck und den Bau der Großen Pyramide. Diese reichen von der Vermutung, dass die Pyramide ein astronomisches Observatorium oder eine gigantische Wasserpumpe gewesen sein könnte, bis hin zu Theorien über ihre Nutzung als Mittel zur Kommunikation mit höheren Wesen oder außerirdischen Zivilisationen. Obwohl viele dieser Theorien wissenschaftlich nicht belegt sind, unterstreichen sie die Rolle der Pyramide als Quelle des Staunens und der Spekulation.

Die Große Pyramide von Gizeh bleibt weiterhin ein Gegenstand wissenschaftlicher Studien und populärer Faszination. Ihr Bau gilt als eine der größten Leistungen menschlicher Ingenieurskunst und spiegelt das fortgeschrittene Verständnis der alten Ägypter von Mathematik, Astronomie und Geometrie wider. Sowohl als Denkmal für den verstorbenen Pharao als auch als Symbol der Macht und religiösen Überzeugungen des Staates steht die Große Pyramide als tiefgreifendes Zeugnis für die Raffinesse und das anhaltende Erbe der alten ägyptischen Zivilisation.

Die Flucht aus Alcatraz

Die Flucht aus Alcatraz im Jahr 1962 bleibt einer der berüchtigtsten und gewagtesten Gefängnisausbrüche in der Geschichte der USA. Alcatraz, oft als "The Rock" bezeichnet, war ein Hochsicherheitsgefängnis auf einer kleinen Insel in der San Francisco Bay in Kalifornien, das als nahezu ausbruchssicher galt, da es von kaltem Wasser und starken Strömungen umgeben war. Dennoch stellten am Abend des 11. Juni 1962 drei Häftlinge – Frank Morris und die Brüder John und Clarence Anglin – diese Reputation mit einem raffiniert geplanten und durchgeführten Ausbruch in Frage. Frank Morris, zusammen mit den Anglin-Brüdern, kam Ende der 1950er bzw. Anfang der 1960er Jahre nach Alcatraz. Morris war bekannt für seine hohe Intelligenz, und die Anglin-Brüder hatten bereits mehrfach versucht, aus verschiedenen Gefängnissen zu entkommen.

Das Trio wurde in nebeneinanderliegenden Zellen untergebracht, was es ihnen ermöglichte, zusammenzuarbeiten und einen Fluchtplan auszuarbeiten. Später schloss sich ihnen der Häftling Allen West an, der an der Planung beteiligt war, es jedoch nicht schaffte, mit ihnen zu fliehen. Ihr ausgeklügelter Plan erforderte monatelange Vorbereitung, in denen sie weggeworfenes und gestohlenes Material nutzten, um die notwendigen Werkzeuge für ihre Flucht zu bauen. Sie stellten provisorische Bohrer aus den Motoren alter Staubsauger her, mit denen sie die Lüftungsschächte unter ihren Waschbecken erweiterten. Über fast ein Jahr hinweg vergrößerten sie die Öffnungen so weit, dass sie hindurchkriechen konnten.

Der Hauptteil des Fluchtplans bestand darin, realistische Puppenköpfe aus einer Mischung von Seife, Toilettenpapier und echtem Menschenhaar, das sie vom Gefängnisfriseur erhielten, herzustellen. Diese Köpfe wurden bemalt und in den Betten der Häftlinge platziert, um die Wärter während der nächtlichen Kontrollgänge zu täuschen. Am Abend des 11. Juni 1962, nach monatelangem Graben, krochen Morris und die Anglin-Brüder durch die Löcher, die sie in die Wände ihrer Zellen geschlagen hatten, kletterten durch ein Netzwerk von Rohrleitungen in einen unbewachten Versorgungskorridor und gelangten schließlich auf das Dach. Von dort seilten sie sich 15 Meter die Seite des Gebäudes hinunter, indem sie ein improvisiertes Seil aus Gefängnisuniformen benutzten. Anschließend überwanden sie zwei 3,5 Meter hohe Stacheldrahtzäune.

An der Nordostküste der Insel bliesen sie ein Floß und Schwimmwesten auf, die sie aus über 50 gestohlenen Regenmänteln hergestellt hatten und mit der Wärme der Dampfleitungen des Gefängnisses versiegelten. Sie setzten ihr Floß in die kalten, gefährlichen Gewässer der San Francisco Bay und versuchten, das Festland zu erreichen. Allen West, der vierte Mitverschwörer, konnte nicht rechtzeitig entkommen, da er das Gitter seiner Lüftungsöffnung nicht entfernen konnte. Nach der Flucht kooperierte er mit den Ermittlern und lieferte detaillierte Berichte über den Fluchtplan, konnte jedoch nichts über das Schicksal seiner Mitflüchtlinge bestätigen. Am nächsten Morgen wurde das Fehlen der drei Männer bemerkt, und eine umfangreiche Fahndung begann. Teile des Floßes und persönliche Gegenstände wurden auf der nahegelegenen Angel Island gefunden, was einige zu der Annahme veranlasste, dass die Männer ertrunken waren.

Es wurden jedoch nie Leichen gefunden, was anhaltende Spekulationen und Mysterien über ihr Schicksal nährte. Das FBI schloss den Fall offiziell 1979 und kam zu dem Schluss, dass die Flüchtigen wahrscheinlich in den kalten Gewässern der Bucht ertrunken seien, während sie versuchten, Angel Island zu erreichen. Im Laufe der Jahre sind jedoch verschiedene Sichtungen und Hinweise aufgetaucht, die darauf hindeuten, dass die Männer möglicherweise überlebt haben. Familienmitglieder und Krimi-Enthusiasten haben Theorien aufgestellt, wonach Morris und die Anglin-Brüder erfolgreich nach Brasilien geflohen oder in den USA unter falschen Identitäten lebten.

Die Flucht aus Alcatraz im Jahr 1962 trug zur Legende des Gefängnisses bei, das weniger als ein Jahr nach der Flucht, 1963, geschlossen wurde. Sie wurde Gegenstand zahlreicher Dokumentationen, Bücher und eines Films von 1979, "Flucht von Alcatraz", in dem Clint Eastwood Frank Morris spielte. Der gewagte Ausbruch fasziniert die Öffentlichkeit weiterhin und gilt als einer der brillantesten Gefängnisausbrüche der Geschichte, nicht zuletzt wegen der akribischen Planung und mutigen Durchführung durch die Häftlinge.

Der Fluch der Pharaonen

Die Entdeckung des Grabes von Tutanchamun im Jahr 1922 gilt als einer der bedeutendsten archäologischen Funde der Geschichte. Dieses Ereignis bot nicht nur beispiellose Einblicke in die altägyptische Kultur und Bestattungspraktiken, sondern erweckte auch weltweit die Fantasie der Öffentlichkeit und löste ein erneutes Interesse an der Ägyptologie aus. Der junge Pharao Tutanchamun, der während der 18. Dynastie regierte, war vor der Entdeckung seines Grabes relativ unbekannt. Er bestieg in jungen Jahren den Thron und starb unerwartet im Alter von etwa 18 oder 19 Jahren, ohne bedeutende Errungenschaften, die seine Herrschaft dokumentieren könnten. Es war der Prunk seiner letzten Ruhestätte, der ihn in die Geschichtsbücher katapultierte, nicht seine kurze Regierungszeit. Das Grab wurde im Tal der Könige entdeckt, einer Grabstätte am Westufer des Nils gegenüber von Theben (dem heutigen Luxor), die als Begräbnisstätte der Pharaonen diente, die Ägypten vom 16. bis zum 11. Jahrhundert v. Chr. regierten.

Die Entdeckung wurde von dem britischen Archäologen Howard Carter unter der Schirmherrschaft von Lord Carnarvon, einem englischen Earl mit einer Leidenschaft für Ägyptologie, gemacht. Carter hatte jahrelang im Tal der Könige gegraben, ohne große Funde zu machen, was die Entdeckung umso sensationeller machte. Am 4. November 1922, nach fast einem Jahrzehnt akribischer Suche, stieß Carters Team auf Stufen, die zu einer versiegelten Tür führten. Das Siegel trug den Namen Tutanchamun.

Beim Öffnen der ersten Tür blickte Carter durch ein Loch und sah mit Hilfe einer Kerze die Vorkammer, die mit einer Vielzahl von goldenen und mit Ebenholz verzierten Schätzen gefüllt war. Als er gefragt wurde, ob er etwas sehe, gab er die berühmte Antwort: "Ja, wunderbare Dinge!" Die anschließende Ausgrabung offenbarte, dass das Grab tausende von Gegenständen enthielt, deren Katalogisierung fast ein Jahrzehnt in Anspruch nahm. Diese Gegenstände reichten von alltäglichen Objekten wie Pfeil und Bogen sowie Nahrung bis hin zu spektakulären Schätzen wie Schmuck, Roben, einem Streitwagen und der ikonischen Goldmaske, die seither zu einem Symbol des alten Ägypten geworden ist. Bemerkenswerterweise war das Grab Tutanchamuns eines der wenigen königlichen Gräber im Tal der Könige, das weitgehend unversehrt gefunden wurde, da die meisten in der Antike geplündert worden waren.

Die Entdeckung war eine Mediensensation, die weltweit berichtet wurde, und sie löste eine Welle des öffentlichen und wissenschaftlichen Interesses am alten Ägypten aus, bekannt als "Tut-Mania". Die Schätze tourten in den folgenden Jahrzehnten international und zogen Millionen von Besuchern an, was weitere archäologische Forschungen finanzierte. Die Entdeckung des Grabes von Tutanchamun brachte jedoch auch Mythen und Aberglauben hervor, insbesondere die Legende vom "Fluch der Pharaonen", der besagte, dass diejenigen, die das Grab stören, Unglück, Krankheit oder Tod erleiden würden. Diese Idee wurde durch den Tod mehrerer Mitglieder von Carters Team und beteiligter Personen in den Jahren nach der Öffnung des Grabes, darunter Lord Carnarvon selbst, der kurz nach der Öffnung des Grabes unter mysteriösen Umständen in Kairo starb, populär gemacht.

Wissenschaftlich gesehen erweiterte der Fund das Verständnis der altägyptischen Bestattungsriten erheblich und hob die Komplexität und den Prunk der Bestattungsbräuche des Neuen Reiches hervor. Zudem bot die perfekte Erhaltung der Grabbeigaben den Ägyptologen unschätzbare Einblicke in das Kunsthandwerk, die künstlerischen Praktiken und das Alltagsleben jener Zeit. Zusammenfassend lässt sich sagen, dass die Entdeckung des Grabes von Tutanchamun nicht nur eine Fülle von materieller Kultur zum Studium bot, sondern auch die kulturelle Vorstellungskraft sowohl in der Wissenschaft als auch in der Öffentlichkeit nachhaltig beeinflusste. Es bleibt ein zentrales Kapitel in der Geschichte der Archäologie und dient als Erinnerung an das reiche Erbe der Menschheitsgeschichte, das unter der Erdoberfläche verborgen liegt und darauf wartet, entdeckt zu werden.

Der Entdecker, der die Weltkarte neu zeichnete

Christoph Kolumbus, ein italienischer Entdecker im Dienst der spanischen Krone, ist eine Schlüsselfigur in der Weltgeschichte aufgrund seiner Reisen über den Atlantik, die das Bewusstsein Europas für die amerikanischen Kontinente weckten. Seine Expeditionen markierten den Beginn von Jahrhunderten transatlantischer Kolonisation und des tiefgreifenden kulturellen Austauschs, der das Leben und die Entwicklung von Menschen auf der ganzen Welt maßgeblich veränderte. Kolumbus wurde 1451 in der Republik Genua (heute Teil des modernen Italiens) geboren und wuchs in einer Zeit auf, in der europäische Königreiche begannen, über ihre Grenzen hinaus nach Reichtum und Handel zu suchen, insbesondere nach Gewürzen und Gold.

Ende des 15. Jahrhunderts hatte Portugal eine dominante Stellung im afrikanischen Handel, was Spanien dazu veranlasste, nach einer alternativen Route zu den Reichtümern Asiens zu suchen. Kolumbus schlug vor, Asien zu erreichen, indem er nach Westen über den Atlantik segelte, eine kühne und ungetestete Route. Nach Jahren der Suche nach Sponsoren wurde er schließlich von den spanischen Monarchen Ferdinand II. und Isabella I. unterstützt. Im August 1492 segelte Kolumbus mit drei Schiffen – der Niña, der Pinta und der Santa María – und etwa 90 Besatzungsmitgliedern von Spanien aus. Am 12. Oktober 1492 erreichten sie Land, das heute als die Bahamas bekannt ist und von Kolumbus San Salvador genannt wurde; die Einheimischen nannten es Guanahani.

Zunächst glaubte Kolumbus, er habe die Ostindischen Inseln erreicht, und erkundete die Inseln, die er für Inseln vor der Küste Asiens hielt. Er erforschte Teile dessen, was heute Kuba und Hispaniola ist, und beanspruchte die Gebiete für Spanien. Auf Hispaniola gründete er auf seiner ersten Reise Santo Domingo, die älteste europäische Stadt in Amerika. Kolumbus unternahm drei weitere Reisen über den Atlantik und erkundete die Kleinen Antillen, Trinidad, die Nordküste Südamerikas und die Küste Mittelamerikas. Seine späteren Reisen waren jedoch von administrativen Problemen, Gewalttaten und Missmanagement überschattet.

Kolumbus sah sich in Spanien mehreren Anschuldigungen in Bezug auf seine Verwaltung der neu entdeckten Gebiete gegenüber, was zu einer kurzen Verhaftung und der Absetzung von seinem Posten als Gouverneur der Westindischen Inseln führte. Trotz der bedeutenden geografischen Entdeckungen starb Kolumbus am 20. Mai 1506, etwas enttäuscht, da er nie anerkannte, dass er einen neuen Kontinent entdeckt hatte, der zuvor den Eurasiern unbekannt war. Seine Reisen ebneten jedoch den Weg für die weit verbreitete europäische Erforschung und Kolonisierung Amerikas. Das Vermächtnis von Kolumbus ist Gegenstand intensiver Debatten. Er wird oft als wegweisender Entdecker gefeiert, der die Neue Welt erschloss und den Weg für weitere europäische Erkundungen ebnete. Seine Expeditionen führten jedoch auch zum weitreichenden Austausch von Pflanzen, Tieren, Kulturen, Ideen und Bevölkerungen zwischen den Kontinenten, bekannt als der „Kolumbianische Austausch“. Dies hatte tiefgreifende ökologische und soziale Auswirkungen, darunter den Beginn des transatlantischen Sklavenhandels und den massiven Rückgang der indigenen Bevölkerungen aufgrund von Krankheiten und Konflikten.

Das Cookie-Monster-Lösegeld

In einem bizarren und humorvollen Vorfall, der sowohl das öffentliche Interesse als auch die Aufmerksamkeit der Medien auf sich zog, wurde im Januar 2013 eine lebensgroße Cookie-Monster-Statue aus einer Kinderattraktion in Deutschland gestohlen. Der Diebstahl nahm jedoch eine noch seltsamere Wendung, als der Täter begann, Lösegeldforderungen zu stellen – jedoch nicht in Form von Geld, sondern im Namen wohltätiger Zwecke, alles unter der Maske der beliebten „Sesamstraße"-Figur, dem Cookie Monster. Die Statue war ursprünglich Teil der Dekoration der Kinderreitschule „Holz Bolle" in Langenhagen, nahe Hannover. Sie bestand aus Bronze und war bei den Kindern, die die Schule besuchten, sehr beliebt. Ihr Verschwinden wurde schnell bemerkt, und die örtliche Gemeinschaft war sowohl amüsiert als auch perplex über den Diebstahl.

Kurz nach dem Verschwinden der Statue erhielt eine lokale Zeitung ein bizarres Lösegeldschreiben. Dem Schreiben lag ein Foto des Diebes bei, der als Cookie Monster verkleidet war und die gestohlene Statue hielt. Das Kostüm war eine perfekte Nachahmung des berühmten blauen, keksfressenden Charakters aus der Kindersendung „Sesamstraße". Das Schreiben war ungewöhnlich, da es kein Geld forderte. Stattdessen verlangte der Dieb, der sich als Cookie Monster ausgab, dass Kekse an alle Kinder in einem nahegelegenen Krankenhaus verteilt würden. Der Brief war spielerisch, aber bestimmt in seinen Forderungen und spiegelte eine seltsame Mischung aus Humor und sozialem Aktivismus wider.

Die Geschichte verbreitete sich schnell in lokalen und nationalen Medien und erregte die Fantasie der Öffentlichkeit. Die Menschen waren von der Kühnheit des Diebes amüsiert und von der ungewöhnlichen Natur des Lösegelds fasziniert.

Diskussionen und Spekulationen über die Identität und Motive des „Cookie Monster"-Diebes entbrannten in den sozialen Medien und in lokalen Gemeinschaften. Während die Polizei ihre Ermittlungen aufnahm, verfolgten die Medien die Geschichte genau und berichteten eifrig über neue Entwicklungen. Die öffentliche Reaktion war gemischt: Einige fanden den Streich amüsant und harmlos, während andere besorgt über die Implikationen von Diebstahl und die Ernsthaftigkeit der Verwendung einer Kinderfigur in einem solchen Zusammenhang waren. Schließlich wurde die Statue einige Wochen später zurückgegeben, in ein rotes Band gewickelt und an einer örtlichen Radiostation hinterlassen, nachdem ein weiterer Brief den Findern den Ablageort verraten hatte.

Im zweiten Brief wurde erneut die Forderung nach der Verteilung von Keksen an das Krankenhaus bekräftigt, was zeigte, dass der Täter in dieser Forderung ernsthaft war. Die Polizei suchte weiterhin nach dem Dieb, aber mit wenigen Anhaltspunkten und nachlassendem öffentlichen Interesse an dem Fall ließ die Ermittlung nach. Die Identität der Person, die sich als Cookie Monster verkleidet und die Statue gestohlen hatte, bleibt unbekannt. Dieser Vorfall, oft als „Cookie-Monster-Lösegeld" bezeichnet, bleibt einer der seltsamsten und skurrilsten Diebstähle. Er zeigt, wie kulturelle Ikonen auf unerwartete Weise genutzt werden können und wie selbst eine kriminelle Handlung zu einer Gelegenheit werden kann, für gute Zwecke zu werben, wenn auch auf unkonventionelle Weise.

Hat Cleopatra ein Kakerlakenparfüm verwendet?

Kleopatra VII, die letzte aktive Herrscherin des ptolemäischen Königreichs Ägypten, bleibt eine der faszinierendsten Figuren der Geschichte. Geboren im Jahr 69 v. Chr., bestieg Kleopatra im Alter von nur 18 Jahren den Thron, und ihre Herrschaft war geprägt von turbulenten Affären, politischen Intrigen und einem luxuriösen Leben, das die römischen Herrscher fesselte. Kleopatra wurde in eine Dynastie hineingeboren, die Ägypten fast drei Jahrhunderte lang regierte. Trotz ihrer makedonisch-griechischen Herkunft übernahm sie ägyptische Traditionen und war die erste ihrer Linie, die die ägyptische Sprache lernte.

Nach dem Tod ihres Vaters, Ptolemaios XII., im Jahr 51 v. Chr., regierte Kleopatra zusammen mit ihrem Bruder Ptolemaios XIII., gemäß dem Brauch, dass ägyptische Royals Geschwister heirateten, um die Macht zu festigen. Ihre frühe Herrschaft wurde jedoch von internen Konflikten und dem mächtigen Einfluss Roms herausgefordert, das seine Kontrolle im Mittelmeerraum ausweitete. Kleopatras Intelligenz, Charisma und politisches Geschick zeigten sich bereits, als sie sich bemühte, ihre Macht unabhängig von ihrem Bruder zu sichern, mit dem die Beziehungen sich zunehmend verschlechterten. Ihr Leben nahm eine dramatische Wendung im Jahr 48 v. Chr., als sie Julius Cäsar traf, was eine Beziehung einleitete, die den Lauf ihrer Herrschaft veränderte.

Zu dieser Zeit verfolgte Cäsar seinen Rivalen Pompeius nach Ägypten während eines Bürgerkriegs. Nach Pompeius' Ermordung setzte Cäsar Kleopatra wieder auf den Thron, diesmal zusammen mit ihrem jüngeren Bruder Ptolemaios XIV., und verdrängte damit Ptolemaios XIII., der nach einer Schlacht gegen Cäsars Truppen im Nil ertrank.

Die Allianz zwischen Kleopatra und Cäsar war sowohl romantischer als auch politischer Natur. Ihre Beziehung festigte ihre Macht in Ägypten und verschaffte Cäsar eine wertvolle Verbündete in einer strategisch entscheidenden Region. Kleopatra besuchte Rom als Klientelkönigin um 46–44 v. Chr. und lebte in einem von Cäsars Landhäusern. Dieser Besuch war nicht nur von politischer Bedeutung, sondern sorgte auch für Skandale, da Kleopatra nicht nur eine ausländische Königin war, sondern auch die Mutter von Cäsars Sohn Caesarion. Nach der Ermordung Cäsars im Jahr 44 v. Chr. kehrte Kleopatra nach Ägypten zurück, wo sie vor verschiedenen Herausforderungen stand, darunter wirtschaftliche Schwierigkeiten und Hungersnöte.

Ihre Situation änderte sich erneut mit dem Aufstieg von Marcus Antonius, einem ehemaligen Unterstützer Cäsars, der die Kontrolle über die östlichen Provinzen der Römischen Republik übernahm. Im Jahr 41 v. Chr. rief Antonius Kleopatra zu einem Treffen in Tarsus zusammen, um ihre Loyalität nach dem römischen Bürgerkrieg zu besprechen. Dieses Treffen führte zu einer legendären Romanze und einer politischen Allianz, aus der drei Kinder hervorgingen.

Antonius' Bündnis mit Kleopatra erzürnte seine Rivalen in Rom, insbesondere Octavian (den späteren Kaiser Augustus), der Antonius' Beziehung zur ägyptischen Königin nutzte, um politischen und öffentlichen Hass gegen ihn zu schüren. Der Konflikt zwischen Antonius und Octavian gipfelte in der Seeschlacht von Actium im Jahr 31 v. Chr., in der Octavians Truppen die Flotte von Antonius und Kleopatra entscheidend besiegten.

Nach ihrer Niederlage zogen sich Antonius und Kleopatra nach Ägypten zurück, wo sie schließlich beide Selbstmord begingen – Antonius durch einen Dolchstoß und Kleopatra, wie Historiker vermuten, durch den Biss einer giftigen Aspisviper. Kleopatras Tod markierte das Ende der Ptolemäer-Dynastie und den Beginn der Eingliederung Ägyptens in das Römische Reich. Ihr Leben wurde in verschiedenen Kunstwerken, literarischen Werken und Folklore unsterblich gemacht, wobei oft Aspekte ihrer angeblichen Schönheit und verführerischen Kräfte hervorgehoben wurden. Unter den zahlreichen Legenden, die Kleopatras geheimnisvolle Figur umgeben, ist eine der faszinierendsten die Behauptung, dass sie ein Parfüm aus zerdrückten Kakerlaken verwendet habe.

Diese Geschichte, so bizarr sie modernen Lesern auch erscheinen mag, passt gut in den Kontext der kosmetischen und medizinischen Praktiken des antiken Ägyptens, in denen Insekten und andere natürliche Substanzen häufig wegen ihrer vermeintlichen gesundheitlichen und ästhetischen Vorteile verwendet wurden. Im alten Ägypten spielten Insekten eine bedeutende Rolle in der Pharmazie. Viele Insekten wurden zerdrückt und zu Mixturen verarbeitet, von denen man glaubte, dass sie Krankheiten heilen oder als Schönheitsprodukte verwendet werden konnten.

Als Kuchenessen verboten war

Das Verbot des Kuchenessens mag wie ein skurriles Kapitel aus einem surrealen Märchen klingen, hat aber historische Wurzeln in Fällen, in denen Regierungen und lokale Behörden solche Verbote durchgesetzt haben. Ein bemerkenswerter Zeitraum, in dem das Kuchenessen unter einem offiziellen Verbot stand, war im frühen 17. Jahrhundert in England unter der puritanischen Regierung von Oliver Cromwell. Während des englischen Bürgerkriegs (1642–1651) wurde die Monarchie von parlamentarischen Kräften herausgefordert, die von Puritanern angeführt wurden. Diese Puritaner wollten die Kirche von England von allen römisch-katholischen Praktiken reinigen. Ihre strenge calvinistische Theologie betonte ein einfaches Leben, Frömmigkeit und Bescheidenheit und lehnte alles ab, was sie als überflüssig, luxuriös oder religiös idolatrisch ansahen. Nach ihrem Sieg versuchten die Puritaner unter Cromwell, der Lordprotektor wurde, nicht nur die Kirche zu reformieren, sondern auch die Gesellschaft zu verändern. Dies führte zur Durchsetzung verschiedener Gesetze, die auf ihren strengen Moralkodex basierten und sich gegen das richteten, was sie als dekadent und unnötig betrachteten.

Eines der weniger bekannten und kurioseren Gesetze war das Verbot des Kuchenessens. Die Puritaner betrachteten Weihnachten und die damit verbundenen Feierlichkeiten, zu denen das Essen von Kuchen gehörte, als übermäßig und widersprüchlich zu ihren religiösen und moralischen Prinzipien.

Besonders in festlichen Zeiten waren die Kuchen des 17. Jahrhunderts üppig, oft gefüllt mit reichhaltigem Fleisch, Zucker und Früchten, und galten als Symbole des Überflusses.

In den 1640er Jahren wurde ein Gesetz verabschiedet, das Weihnachten effektiv abschaffte und viele traditionelle Festbräuche, einschließlich der Herstellung und des Verzehrs von Kuchen, verbot. Das Verbot war Teil eines umfassenderen Versuchs, Feiertage und Bräuche abzuschaffen, die nicht direkt auf die Bibel zurückzuführen waren. Da das Kuchenessen Teil dieser "heidnischen" Festlichkeiten war, wurde es als Brauch angesehen, der beseitigt werden musste. Die Reaktion der Öffentlichkeit auf solche Verbote war gemischt. Während einige aus Angst oder religiöser Überzeugung gehorchten, setzten viele andere das Backen und den Verzehr von Kuchen im Geheimen fort. Diaristen wie Samuel Pepys erwähnten gelegentlich, dass sie zu Weihnachten heimlich Pasteten aßen, was darauf hindeutet, dass die Praxis unter denen, die weniger von puritanischen Normen beeinflusst waren, weiterging.

Die Durchsetzung solcher Verbote war schwierig und oft uneinheitlich. Lokale Magistrate drückten manchmal ein Auge zu, insbesondere in Gebieten, in denen der puritanische Einfluss schwächer war. Dennoch hatte das Verbot Auswirkungen auf Bäcker und die einfache Bevölkerung und führte zu einer kuriosen Zeit der kulinarischen Unterdrückung. Das Verbot des Kuchenessens und ähnliche Verbote dauerten nicht lange. Mit der Restauration der Monarchie im Jahr 1660, als Karl II. auf den Thron zurückkehrte, wurden viele der von den Puritanern verhängten Gesetze aufgehoben.

Weihnachten und seine traditionellen Bräuche, einschließlich des Kuchenessens, wurden wieder eingeführt und sogar mit neuem Enthusiasmus gefeiert, teilweise als Zeichen der Freude über die Rückkehr der Monarchie und als Ablehnung der puritanischen Strenge.

Das Kuchenessverbot, obwohl ein kleines Detail in der Geschichte der Gesetzgebung, zeigt, wie Nahrung und Tradition mit Religion und Politik verbunden sein können. Es erinnert daran, wie kulinarische Praktiken in breitere soziale und moralische Kämpfe verwickelt werden und wie diese Konflikte vorübergehend selbst die grundlegendsten Aspekte des täglichen Lebens verändern können. Heute wird diese Episode als kurioses historisches Anekdötchen betrachtet, das illustriert, wie weit ideologische Regierungen in ihrem Versuch gehen könnten, nicht nur die Gesellschaft, sondern auch das persönliche und kulinarische Verhalten ihrer Bürger zu kontrollieren.

Das Tunguska-Ereignis

Am Morgen des 30. Juni 1908 ereignete sich in der abgelegenen Tunguska-Region Sibiriens in Russland eine mysteriöse Explosion. Dieses Ereignis, heute bekannt als das Tunguska-Ereignis, gilt als einer der größten aufgezeichneten Meteoriteneinschläge auf der Erde, obwohl nie ein Einschlagskrater gefunden wurde. Die Explosion verwüstete schätzungsweise 80 Millionen Bäume über eine Fläche von 2.150 Quadratkilometern (830 Quadratmeilen) und erzeugte eine Druckwelle, die auf der Richterskala mit 5,0 gemessen wurde. Die Erschütterung wurde von seismischen Stationen in ganz Eurasien aufgezeichnet und verursachte sogar atmosphärische Druckschwankungen bis nach Großbritannien. Obwohl das Tunguska-Ereignis weitgehend einem Meteoriten oder Kometen zugeschrieben wird, war seine Ursache zunächst von Rätseln umgeben, da das Gebiet sehr isoliert war und keine sofortigen wissenschaftlichen Untersuchungen stattfanden.

Die erste Expedition zu der Stelle fand erst mehr als ein Jahrzehnt später statt, geleitet von dem russischen Mineralogen Leonid Kulik in den 1920er Jahren. Kuliks Team erwartete, an der Stelle des Ereignisses einen Krater zu finden, entdeckte jedoch keinen. Stattdessen stießen sie auf eine Zone verbrannter und entwurzelter Bäume, die von einem zentralen Punkt aus nach außen wiesen. Das Fehlen eines Kraters führte zu der Schlussfolgerung, dass das Objekt etwa 5 bis 10 Kilometer über der Erdoberfläche explodiert war.

Weitere wissenschaftliche Expeditionen sammelten Proben aus der Region und führten Tests durch, jedoch wurden keine bedeutenden Überreste eines meteorischen Körpers gefunden.

Dieses Fehlen führte zu verschiedenen Spekulationen und alternativen Theorien über die Natur des Objekts und die Ursache der Explosion. Einige Wissenschaftler vermuteten, dass ein kleiner Komet, der hauptsächlich aus Eis bestand, das Fehlen von Trümmern erklären könnte, da er in der Atmosphäre verdampft wäre, bevor er den Boden erreichte. Andere Forscher konzentrierten sich auf die Analyse mikroskopischer Silikat- und Magnetitkugeln, die im Harz von Bäumen in der Tunguska-Region gefunden wurden. Diese Kugeln werden als Überreste des kosmischen Körpers angesehen, der die Explosion verursacht hat. Chemische Analysen dieser Kugeln unterstützen die Hypothese, dass sie außerirdischen Ursprungs sind. Trotz der vorherrschenden Theorie, dass ein Meteorit oder Komet das Tunguska-Ereignis verursachte, gibt es andere Hypothesen, darunter Antimaterie, eine Wechselwirkung mit einem schwarzen Loch oder sogar eine massive Gasexplosion.

Keine dieser Theorien wurde jedoch so stark durch Beweise gestützt wie die Theorie eines Meteoritenzerfalls in der Atmosphäre. Das Tunguska-Ereignis hat einen bleibenden Einfluss auf die wissenschaftliche Gemeinschaft hinterlassen und ist ein beliebtes Thema in Diskussionen über den planetaren Schutz. Es wird als Maßstab verwendet, um potenzielle Gefahren durch erdnahe Objekte (NEOs) zu bewerten. Das Ereignis erinnert eindringlich an die Verletzlichkeit unseres Planeten gegenüber Einschlägen aus dem Weltraum und unterstreicht die Bedeutung kontinuierlicher Beobachtung und Erforschung von NEOs.

Die ersten Tiere im Weltraum

Die Reise von Tieren ins All begann bereits vor den ersten menschlichen Raumflügen und spielte eine entscheidende Rolle bei der Erweiterung unseres Verständnisses darüber, wie biologische Prozesse in Weltraumumgebungen funktionieren. Diese frühen Missionen waren entscheidend, um Daten über die Überlebensfähigkeit und biologische Reaktionen auf Mikrogravitation und kosmische Strahlung zu sammeln. Zu den ersten Tieren im All gehörten Fruchtfliegen, Hunde, Affen und Katzen. Die allerersten Tiere, die ins All geschickt wurden, waren Fruchtfliegen an Bord einer US-gestarteten V-2-Rakete am 20. Februar 1947.

Wissenschaftler wählten Fruchtfliegen aufgrund ihrer genetischen Ähnlichkeiten mit Menschen und ihrer hohen Reproduktionsrate, was sie ideal für biologische Studien machte. Die Fruchtfliegen wurden von Roggen- und Maiskörnern begleitet, um die Auswirkungen von Strahlung in großer Höhe zu untersuchen. Die Kapsel mit den Fliegen erreichte eine Höhe von 109 Kilometern und wurde erfolgreich zur Erde zurückgebracht. Bemerkenswerterweise überstanden die Fliegen ihre Reise unversehrt, was den ersten Beweis dafür lieferte, dass Leben die Strapazen des Weltraums überleben kann. Die wohl bekanntesten frühen tierischen Astronauten waren die sowjetischen Weltraumhunde. In den 1950er- und 1960er-Jahren schickte die Sowjetunion über ein Dutzend Hunde ins All, um Lebenserhaltungssysteme und Bergungsmethoden zu testen.

Unter diesen Hunden war Laika, ein Streuner aus den Straßen Moskaus, die am 3. November 1957 als erstes Tier die Erde an Bord von Sputnik 2 umkreiste. Leider überlebte Laika die Mission nicht, da die Technologie zur sicheren Rückführung eines Raumschiffs auf die Erde noch nicht entwickelt war. Sie starb wenige Stunden nach dem Start aufgrund von Überhitzung und Stress. Trotz dieses tragischen Ausgangs lieferte Laikas Mission wichtige Daten darüber, wie lebende Organismen im Weltraum überleben. Auch die Vereinigten Staaten experimentierten mit höheren Säugetieren, insbesondere Affen, um komplexere Lebensreaktionen auf die Bedingungen im All zu untersuchen.

Ab 1948 wurden Rhesusaffen eingesetzt, da ihre physiologischen und anatomischen Ähnlichkeiten mit Menschen besonders nützlich waren. Einer der berühmtesten Primaten-Astronauten war Ham, ein Schimpanse, der darauf trainiert wurde, Aufgaben während des Flugs zu erfüllen. Ham unternahm am 31. Januar 1961 eine suborbitale Mission an Bord der Mercury-Redstone 2 und kehrte sicher zur Erde zurück. Seine Leistung bewies, dass Astronauten im Weltraum Aufgaben ausführen konnten und ebnete den Weg für bemannte Raumflüge. Auch Frankreich führte biologische Studien im All durch und schickte am 18. Oktober 1963 die erste Katze ins All. Die Katze, namens Félicette, war mit Elektroden ausgestattet, um neuronale Impulse zu messen. Wie viele ihrer Vorgänger lieferte Félicettes Mission wertvolle Daten über die biologischen Auswirkungen der Raumfahrt. Sie kehrte nach einem suborbitalen Flug sicher zur Erde zurück. Im Laufe der Jahre reisten eine Vielzahl anderer Tiere, darunter Mäuse, Kaninchen und Schildkröten, als Teil wissenschaftlicher Forschung ins All.

Jedes Tier trug auf seine Weise dazu bei, unser Verständnis darüber zu erweitern, wie verschiedene Arten sich an die harschen Bedingungen außerhalb der Erdatmosphäre anpassen. Der Einsatz von Tieren in der Raumfahrtforschung hat zu bedeutenden Fortschritten in unserem Wissen über die Weltraumbiologie geführt und die Protokolle für bemannte Raumflüge maßgeblich beeinflusst. Diese Experimente führten jedoch auch zu Diskussionen über die Ethik der Verwendung von Tieren in solch stressigen Experimenten. Heute, mit fortschrittlicheren Technologien, hat die Abhängigkeit von Tieren abgenommen, und alternative Methoden werden zunehmend für Raumfahrttests verwendet. Die Reflexion über die Geschichte der Tiere im Weltraum bietet nicht nur einen Einblick in die wissenschaftlichen Methoden der Vergangenheit, sondern auch in die sich entwickelnden ethischen Standards und Technologien der modernen Weltraumforschung. Diese tierischen Astronauten waren zwar unfreiwillig, aber dennoch entscheidend für unser Streben nach Wissen jenseits unseres Planeten.

Das Taos-Hum

In der kleinen Stadt Taos in New Mexico sorgt ein mysteriöses Phänomen seit Jahrzehnten für Verwirrung bei Bewohnern und Forschern. Bekannt als das "Taos-Hum" handelt es sich um ein niederfrequentes Geräusch, das in und um Taos wahrgenommen wird. Beschrieben als ein fernes, schwaches Brummen eines Dieselmotors, ist das Hum anhaltend und weit verbreitet und verursacht bei denen, die es hören können, erhebliche Belästigungen und Unbehagen. Im Gegensatz zu anderen unerklärlichen Geräuschen, die weltweit gemeldet werden, weist das Taos-Hum einige besondere Merkmale auf: Es wurde bisher nur in dieser Region regelmäßig gemeldet, und nur eine Minderheit der lokalen Bevölkerung kann es hören.

Die ersten Berichte über das Taos-Hum stammen aus den frühen 1990er Jahren, als unerwartet viele Bewohner begannen, ein tiefes, dröhnendes Geräusch zu hören, das keinen erkennbaren Ursprung hatte. Dies führte zu großem Interesse und Besorgnis und veranlasste Untersuchungen zu seinen Ursachen und Eigenschaften. Eine der verwirrendsten Aspekte des Hums ist seine Selektivität: Forschungen zeigen, dass nur etwa 2 % der örtlichen Bevölkerung es hören können, ein Phänomen, das Wissenschaftler vor Rätsel stellt und eine Vielzahl von Hypothesen über seine Ursache und Natur hervorgebracht hat. Verschiedene Studien wurden durchgeführt, um die Quelle des Taos-Hums zu identifizieren.

Forscher von Universitäten, Regierungsbehörden und unabhängigen Gruppen haben Umwelt- und menschengemachte Ursachen untersucht, darunter seismische Aktivitäten, elektromagnetische Felder und lokale industrielle Quellen. Trotz dieser Bemühungen konnte keine endgültige Erklärung gefunden werden.

Untersuchungen beinhalten normalerweise Tonaufnahmen und Befragungen. Akustische Messungen haben in der Regel keine Geräusche erfasst, die definitiv als das Taos-Hum identifiziert werden könnten, was einige dazu veranlasst hat, zu überlegen, ob es sich eher um eine subjektive Erfahrung als um ein objektives Geräusch handelt. Eine Theorie besagt, dass das Hum durch niederfrequente elektromagnetische Wellen verursacht werden könnte, die nur für manche Menschen aufgrund besonderer Merkmale ihrer Schädel- oder Hörsysteme hörbar sind. Andere haben vorgeschlagen, dass es durch "spontane otoakustische Emissionen" verursacht werden könnte, bei denen das Ohr selbst das Geräusch erzeugt. Diese Theorie stimmt mit der Tatsache überein, dass das Geräusch oft als eher intern als extern beschrieben wird. Dies erklärt jedoch nicht, warum das Phänomen auf das Gebiet um Taos beschränkt zu sein scheint. Es wurden auch Vermutungen angestellt, dass das Hum auf industrielle Aktivitäten zurückzuführen sein könnte, wie beispielsweise von Stromleitungen oder Maschinen.

Die hartnäckige Natur des Hums, das sogar während Zeiten, in denen solche Quellen inaktiv sind, weiterhin auftritt, widerspricht jedoch diesen Erklärungen. Außerdem wurden ähnliche Hums in anderen Teilen der Welt gemeldet, oft in der Nähe von Gebieten mit bedeutender industrieller Aktivität, doch direkte Verbindungen zu spezifischen industriellen Quellen konnten bisher nicht bestätigt werden. Die Auswirkungen des Taos-Hums auf die Lebensqualität derjenigen, die es hören, sind unterschiedlich. Einige berichten, es sei nur eine bloße Kuriosität, während andere es als äußerst störend empfinden, was zu Schlaflosigkeit und anderen Beschwerden führt.

Für die Betroffenen kann das Hum mehr als nur eine Belästigung sein – es kann zu einem bedeutenden Gesundheitsproblem werden. Bis heute bleibt das Taos-Hum eines der vielen ungeklärten akustischen Phänomene weltweit. Es unterstreicht die Herausforderungen beim Verständnis, wie Menschen mit ihrer Umwelt interagieren, insbesondere wie sie Geräusche wahrnehmen, die möglicherweise keine messbare äußere Quelle haben. Die Untersuchung des Taos-Hums wirft nicht nur Fragen über Umweltgeräusche und Gesundheit auf, sondern auch tiefere Fragen zu Sinneswahrnehmungen und den psychologischen Auswirkungen von Geräuschen. Ob die Ursache schließlich als psychologisch, physiologisch, umweltbedingt oder etwas ganz anderes festgestellt wird, bleibt das Mysterium des Taos-Hums weiterhin ein interessantes Thema für Forschung und Diskussion.

Die Geheimnisse von Stonehenge

Stonehenge, gelegen auf der Salisbury-Ebene in Wiltshire, England, ist eines der berühmtesten prähistorischen Monumente der Welt. Dieser massive Steinkreis, mit seinen nahtlos ausgerichteten Megalithen und der komplexen archäologischen Stätte, bleibt ein Gegenstand des Staunens, der Inspiration und intensiver wissenschaftlicher Studien. Erbaut in mehreren Phasen, beginnend etwa um 3000 v. Chr., sind der ursprüngliche Zweck von Stonehenge und die Methoden, die zu seiner Errichtung verwendet wurden, bis heute Gegenstand von Debatten und Faszination. Die Konstruktion von Stonehenge wird im Allgemeinen in mehrere Phasen unterteilt, die sich über mindestens 1500 Jahre erstrecken. Zunächst begann die Stätte etwa 3000 v. Chr. als einfacher Erdwall, in dem die Menschen ihre verbrannten Toten begruben.

Der ikonischste Teil des Monuments, die massiven Sarsensteine, wurde um 2500 v. Chr. errichtet. Diese großen Steine, die bis zu 25 Tonnen wiegen und bis zu 9 Meter hoch sind, stammen aus Steinbrüchen etwa 32 Kilometer nördlich der Salisbury-Ebene. Der Transport dieser Steine erforderte erheblichen menschlichen Einsatz und Einfallsreichtum und erfolgte wahrscheinlich mit Schlitten, Seilen und möglicherweise hölzernen Rollen. Neben den Sarsensteinen gibt es kleinere Blausteine, die aus den Preseli Hills in Südwestwales, fast 225 Kilometer entfernt, transportiert wurden. Diese Leistung ist besonders bemerkenswert, angesichts der begrenzten Technologie der prähistorischen Zeit, und bleibt einer der faszinierendsten Aspekte von Stonehenge.

Archäologen vermuten, dass diese Steine über Wasserwege und durch Ziehen über Land transportiert wurden, was die außergewöhnliche Hingabe der Erbauer unterstreicht. Eines der auffälligsten Merkmale von Stonehenge ist seine Ausrichtung auf die Sonnenwenden. Der Fersenstein, ein massiver Sarsenstein außerhalb des Hauptkreises, ist perfekt auf den Sonnenaufgang zur Sommersonnenwende ausgerichtet und wirft einen bestimmten Schatten in das Zentrum von Stonehenge. Diese Ausrichtung legt nahe, dass das Monument als antiker astronomischer Kalender oder als Observatorium diente, um den Wechsel der Jahreszeiten zu markieren – eine wichtige Funktion für landwirtschaftliche Gesellschaften.

Die Theorien über den Zweck von Stonehenge reichen von wissenschaftlichen bis hin zu mystischen Erklärungen. Einige Wissenschaftler vermuten, dass es ein Tempel zur Verehrung alter Erdgötter war; andere glauben, dass es eine heilige Begräbnisstätte oder sogar ein Ort der Heilung war. Archäologische Funde, darunter die Überreste vieler menschlicher Bestattungen in und um die Stätte, stützen die Theorie, dass es zumindest über mehrere hundert Jahre als Friedhof genutzt wurde. Darüber hinaus deuten Analysen von Tierknochen und Keramikfunden darauf hin, dass Stonehenge ein Versammlungsort zur Winter- und Sommersonnenwende war, möglicherweise für Feste und Rituale. Ein weiterer interessanter Aspekt von Stonehenge sind seine akustischen Eigenschaften. Forschungen zeigen, dass die Anordnung der Steine ein eigenartiges Schallfeld erzeugt, was darauf hindeutet, dass die Akustik eine Rolle in seiner ursprünglichen Funktion gespielt haben könnte – möglicherweise im Zusammenhang mit Zeremonien oder gesellschaftlichen Zusammenkünften. Heute ist Stonehenge eine UNESCO-Welterbestätte, die jedes Jahr Tausende von Touristen aus der ganzen Welt anzieht.

Es behält auch weiterhin kulturelle Bedeutung, insbesondere während der Sommersonnenwende, wenn moderne Druiden und Zuschauer zusammenkommen, um zu feiern und den Sonnenaufgang, der mit dem Fersenstein übereinstimmt, zu beobachten. Laufende archäologische Bemühungen und technologische Fortschritte, wie bodendurchdringendes Radar und digitale Rekonstruktionen, liefern immer wieder neue Erkenntnisse über diese alte Struktur. Kürzlich entdeckte, große unterirdische Gruben in der Nähe von Stonehenge deuten beispielsweise darauf hin, dass die Landschaft noch komplexer und aufwändiger gestaltet war, als bisher angenommen. Zusammenfassend bleibt Stonehenge eines der am meisten erforschten und spekulierten Monumente der Welt.

Seine Geheimnisse werden weiterhin Stück für Stück durch archäologische und wissenschaftliche Untersuchungen entschlüsselt, und sie bieten uns Einblicke in das Leben jener Menschen, die es vor Tausenden von Jahren erbauten und nutzten. Ob als Begräbnisstätte, Feierort oder astronomische Beobachtungsstätte, Stonehenge bleibt ein bleibendes Zeugnis der Genialität und spirituellen Tiefe seiner Schöpfer.

Impressum

PTS Publishing

Ludwig-Thoma-Ring 54, 84137 Vilsbiburg, Deutschland

Jahr der Veröffentlichung: 2024

ISBN: 9798343213959

1. Auflage

Printed in Poland
by Amazon Fulfillment
Poland Sp. z o.o., Wrocław

44365548P00079